L'INCRÉDULE

OUVRAGE

Dédié aux incrédules de la Charente

ANGOULÊME

IMPRIMERIE ROUSSAUD

Rue Tison d'Argence, 3

1892

L'INCRÉDULE

L'INCRÉDULE

OUVRAGE

Dédié aux incrédules de la Charente

ANGOULÊME
IMPRIMERIE ROUSSAUD
Rue Tison d'Argence, 3
—
1892

INTRODUCTION

Lecteur, qui que vous soyez, pourvu que vous soyez incrédule comme moi, n'importe par quel motif, c'est à vous que je dédie cet ouvrage. Incrédule comme vous, je me plais à préconiser ma religion ; elle est facile à comprendre, plus facile encore à pratiquer. *Je ne crois à rien et je me permets tout.* La voilà dans toute sa simplicité.

Ainsi qu'on le voit, la morale se déduit naturellement du dogme. Qu'on ne blâme pas ma franchise, qu'on ne ridiculise point ma profession de foi. — Je suis aussi sincère dans mon langage que conséquent dans ma conduite ; et tout homme qui partage mon incrédulité, sans partager ma manière d'agir, est un inconséquent ; or, en philosophie, rien de plus méprisable que l'inconséquence.

Aussi, aux yeux d'un philosophe dans la force du terme, un incrédule qui n'a que les penchants de son cœur pour règle de conduite de ses actions est, philosophiquement, préférable à un croyant dont les œuvres sont en contradiction avec sa foi. — L'un ne se refuse rien, parce qu'il ne croit à rien. Quoi de plus naturel, de plus rationnel ? — L'autre croit, et agit contrairement à sa croyance, rien de plus insensé et de plus extravagant.

Il n'est pas néanmoins rare de trouver dans le monde des individus dont la croyance condamne les actions. Le triomphe du cœur séduit sur l'esprit qui combat ses séductions explique cette contradiction et crée ce qui s'appelle le remords de conscience. Mais où trouver un incrédule qui ne mette pas sa conduite en harmonie avec son incrédulité ? Vainement on le chercherait ; cette rencontre serait un phénomène dans la nature, car l'homme, tenez-le bien pour certain, n'est pas inconséquent pour le plaisir de l'être.

Et si la crainte d'une éternité de supplices d'un côté, et de l'autre l'espérance d'un bonheur éternel ne retiennent pas toujours l'homme de foi dans les limites prescrites par sa croyance, je ne vois pas quel motif pourrait empêcher l'incrédule de suivre ses penchants et le porter à se renfermer dans des bornes qu'il ne connaît point et qu'il n'admettra jamais.

Aussi, croyez-moi ; tout concourt à confirmer

mes sentiments et mes paroles. J'ai à l'appui de ce que j'avance la nature, l'expérience et le raisonnement. — La nature est la même dans tous les hommes ; elle est en moi ce qu'elle est dans mes semblables. Je ne crains pas de me tromper en jugeant par moi-même mes compagnons d'incrédulité. — Je suis ce qu'ils sont et ils sont ce que je suis. — Ne croyant à rien, comme moi ils se permettent tout. S'ils tiennent un autre langage, ils mentent insolemment à leur cœur.

Il s'en rencontre pourtant qui se font gloire de leur symbole, *je ne crois à rien;* qui le proclament hautement, mais qui n'avouent pas leur morale, *je me permets tout.* Ceux-là sont moins sincères que moi dans leur langage, mais ils n'en sont point pour cela moins conséquents dans leur conduite. La seule différence qui existe entre eux et moi, c'est que moi je dis ce que je pense et ce que je fais, et eux disent bien ce qu'ils pensent, mais ils taisent ce qu'ils font. — Au reste, leur langage, démenti à chaque instant par leurs actions, outre qu'il ne trompe personne, n'a d'autre résultat que de les montrer en contradiction avec leurs principes.

Et qu'a donc de si humiliant cette conséquence pour qu'un philosophe n'ose l'avouer ? Et quoi de plus logique de se permettre tout quand on ne croit à rien ? Pour moi, je rougis si peu de ma morale, qui n'est qu'une conséquence naturelle et logique de ma croyance, que non seulement je m'en glorifie, mais encore je pose ici comme un principe incontestable, comme un axiome, comme une vérité fondée sur la nature et démontrée par l'expérience et la raison, qu'il est aussi impossible à l'incrédule de ne pas chercher à satisfaire ses penchants, ses désirs, quels qu'ils soient, qu'à l'homme de ne pas se proposer son bonheur dans tout ce qu'il fait. Ces deux propositions, ces deux vérités sont inhérentes à la nature humaine. Tout cela est aux yeux de qui réfléchit un peu identiquement la même chose.

Ici, j'entends un philosophe croyant s'écrier :
« Arrête, philosophe incrédule. Tu parles de
« réflexion, mais as-tu bien réfléchi toi-même ? tu
« te piques de philosopher, de raisonner, mais
« philosophes-tu bien ? raisonnes-tu bien ? c'est
« là l'essentiel. Tout le monde raisonne, mais
« chacun à sa manière, un fou raisonne. Il s'agit
« de savoir qui raisonne juste. Pour moi, j'admire
« ta franchise, mais j'abhorre ton incrédulité. Elle
« est, à mon jugement et au jugement de celui qui
« veut l'examiner un peu, aussi absurde dans son
« principe que funeste dans ses conséquences.

« Tu te permets tout, dis-tu, parce que tu ne
« crois à rien. La conséquence est logique, mais
« si le principe d'où elle découle naturellement est
« absurde, est faux, elle participera nécessairement
« à cette fausseté, à cette absurdité. Or, un

« philosophe est coupable d'une conséquence
« même logique, quand il admet volontairement
« et sans examen le faux principe qui la produit,
« car en bonne philosophie on n'admet rien sans
« preuve. As-tu donc des preuves de ton
« incroyance ? Tu es parvenu à la conviction de
« ton incrédulité. Où sont les preuves de cette
« conviction ? As-tu cherché à te rendre raison de
« ce principe qui règle ta conduite ? En un mot,
« peux-tu dire philosophiquement : *je ne crois à
« rien*, pour que tu puisses dire logiquement : *je
« me permets tout* ? Peux-tu dire rationnellement
« *je ne crois à rien* pour que tu puisses dire légi-
« timement *je me permets tout* ? — Sur quoi
« fondes-tu un semblable raisonnement, un sem-
« blable langage ? Où sont les titres qui t'autori-
« sent à parler ainsi ? — Montre-les moi. »

Pour répondre à toutes ces questions, je descends au fond de mon âme ; je me recueille en moi-même et, je le dis à ma grande confusion, car je suis sincère jusqu'à avouer ma honte : plus je cherche en moi-même des raisons et moins j'en trouve ; j'en rougis, mais enfin cela est.

Je suis incrédule par passion, par préjugés ; je suis incrédule comme tant d'autres, sans jamais m'être rendu compte de mon incrédulité ; je suis incrédule parce que d'autres l'ont été, j'ai lu leurs ouvrages, et, sans me rendre raison de leur incré- dulité, sans vérifier les raisons qu'ils apportaient à l'appui de leurs assertions, j'ai embrassé leur système, m'inquiétant peu des fondements sur lesquels ils le basaient et ne pensant point qu'un jour j'aurais à répondre à des questions si pressantes.

Mais aujourd'hui, afin de n'avoir plus à rougir en présence d'un philosophe qui me demanderait compte de mon incrédulité et aussi pour acquérir le droit de parler et d'agir en philosophe, je vais tacher de parvenir à la conviction de mon incrédulité : je vais, raisonner ma croyance et ma morale. Et pour atteindre plus sûrement ce but, pour que rien ne puisse m'en détourner le moins du monde, je vais à l'exemple de ce grand philosophe qui cherche la certitude, le criterium de la vérité, faire en moi le vide, me dépouiller de tout pour ne rien donner qu'à ma raison. J'arrache donc mes passions dont les vapeurs obscurcissent l'esprit, je déracine les préjugés qui aveuglent l'entendement, je dégage mon âme de toute influence sur ma conduite ; car je suis résolu de ne rien donner ni à la naissance, ni à l'éducation, ni à l'autorité; je ne veux rien donner qu'à ma raison. J'admettrai tout ce qu'elle admettra, je rejetterai tout ce qu'elle rejettera. Elle seule sera juge, et rien n'influencera sur son jugement, et ce jugement sera pour moi irréfragable ; quel qu'il soit, il règlera désormais ma conduite.

Qu'on ne me demande donc pas en ce moment ce

que je suis. Je ne suis rien, ni croyant ni incrédule ; ce que je suis et ce que je me glorifie d'être, c'est un être raisonnable déterminé à user de ma raison, à tout examiner, à tout peser, à tout vérifier, à approfondir l'incrédulité comme la croyance, à faire comparaître au tribunal de la raison tous les systèmes, toutes les croyances et à embrasser celle qui me paraîtra la plus rationnelle.

Que serai-je après cet examen ? Je n'en sais rien ; ce que je sais, c'est que je serai pour toujours ce qui sera le plus conforme à ma raison : incrédule, si l'incrédulité est selon moi raisonnable, et croyant, si la foi me paraît plus rationnelle.

Dans ce vide immense de tout ce qui n'est pas inhérent à la nature, je ne dis pas comme le fameux philosophe dont je viens de parler : *Je pense, donc je suis ;* mais bien je me demande à moi-même avec l'intention de me répondre sincèrement : *suis-je enfant du néant*, comme le disent les incrédules, ou bien *enfant de l'éternité*, ainsi que le proclament les croyants ?

Ces deux propositions ne sauraient m'être indifférentes, elles renferment toutes mes destinées ; elles sont du plus haut intérêt pour moi ; elles doivent tant influencer sur ma conduite et déterminer si différemment mes pensées, mes actions, qu'il faudrait avoir perdu tout sentiment pour ne pas chercher avec sincérité ce qu'il y a de vrai en elle, laquelle des deux est la véritable. Car enfin, si je suis enfant du néant, je dois me conduire en enfant du néant. Considérant la tombe comme ma demeure éternelle, la mort est pour moi le souverain mal et la vie est le souverain bien. Je dois travailler toujours à me rendre heureux par tous les moyens à ma disposition. C'est pour moi une nécessité à ne penser qu'à moi, à ne m'occuper que de moi, à me faire le centre de tout, par conséquent à repousser de toutes mes forces ce qui peut tant soit peu me dérober un moment de plaisir, un moment de bonheur, à poursuivre avec ardeur tout ce qui peut me rendre la vie douce et agréable, à tirer de la vie et de tout ce qui m'entoure toutes les douceurs possibles, en un mot à me hâter de jouir, car la mort s'avance à grands pas : *mangeons, buvons, jouissons, car nous mourrons demain*. Tel est le langage et telle est la conduite de tout homme qui se croit l'enfant du néant. S'il parlait, s'il agissait autrement, ce serait le comble de la contradiction, le comble de la folie. La nature l'empêche d'errer jusqu'à ce point.

Si, au contraire, je suis enfant de l'éternité, il est pour moi un devoir rigoureux de me conduire en enfant de l'éternité. Dans ce cas, la tombe n'est à mes yeux que le seuil d'une vie éternelle. Toutes mes actions doivent être empreintes de cette vérité ; quoi que je fasse, elle doit toujours m'être présente ; elle doit être et l'objet de mes pensées, de mes réflexions et la règle de ma conduite. Au lieu de rapporter tout à moi, je dois rapporter tout à l'éternité ; supporter avec résignation les maux, ne se laisser ni abattre par l'adversité, ni enfler par la prospérité, user de la vie et de tout ce qui est sur la terre en vue de l'éternité, telle doit être la vie d'un enfant de l'éternité, car nous mourrons bientôt et nous entrerons pour toujours dans l'éternité.

Ainsi parle et agit tout homme qui se croit immortel. Parler autrement et agir autrement, ce serait une extravagance et une contradiction qu'on s'efforcerait vainement de qualifier. Et l'on ne peut se rendre raison de la conduite opposée à ce langage et à cette croyance que par la fragilité de la nature humaine qui succombe souvent aux appas des plaisirs.

Si je suis enfant du néant, je n'ai donc à attendre aucune autre patrie que celle que j'habite, c'est donc pour moi une nécessité de me maintenir, de me conserver ici-bas, de tout sacrifier à ma vie, à mon bonheur. Que tout meure, pourvu que je vive ; que tout soit malheureux, pourvu que je sois heureux, telle sera ma devise !

Mais si je suis enfant de l'éternité, tout change pour moi. — Je suis donc un exilé sur la terre, ailleurs est ma patrie, et comme exilé je dois toujours tendre vers ma patrie. Cette patrie doit être l'objet de mes soupirs, le but de toutes mes démarches. Rien ne doit me détourner d'elle. C'est pour moi un devoir de lui sacrifier tout, jusqu'à mon existence passagère, jusqu'à mon bonheur d'ici-bas. Que tout périsse autour de moi, que je périsse moi-même, plutôt que de compromettre mon éternité !

Par tout ce que je viens de dire, il est aisé de comprendre que cette question, *que suis-je ?* à laquelle s'attachent tous mes intérêts réels, va devenir aujourd'hui, de ma part, l'objet de sérieuses réflexions. Elle est si importante que tout homme sensé ne saurait jamais l'approfondir avec trop d'assiduité et de franchise. C'est avec de tels sentiments, de telles dispositions, que j'entreprends cet examen.

Avant de le commencer, j'engage fortement mes lecteurs, quels qu'ils soient, quelle que soit leur opinion, de me suivre, avec une attention proportionnée à l'importance du sujet, dans la voie que je vais parcourir. Tout exige d'eux ce bon vouloir, ils y ont un grand intérêt, car ils sont naturellement ce que je suis : ma destinée est leur destinée ; nous sommes tous de même nature, c'est donc pour eux aussi bien que pour moi un devoir de s'éclairer sur ce point si essentiel ; rien ne peut les en exempter. Tous peuvent me suivre, car je ne marcherai que guidé par les lumières de la raison. Si quelqu'un m'abandonnait en chemin et se refusait de m'accompagner jusqu'au bout de ma course et d'examiner avec moi une question qui nous touche tous de si près, sous prétexte qu'il est irrévocablement fixé, je lui dirais : homme, quoi que tu sois, incrédule ou croyant, fuis loin de la société de tes semblables et relègue-toi pour toujours parmi les êtres dépourvus de raison, puisqu'en ce moment tu abjures la tienne. Ne viens pas désormais étaler avec emphase devant moi, ni ta croyance, fruit peut-être d'une foi aveugle dans laquelle n'entre pour rien la raison, ni ton incrédulité, qui n'est trop souvent que le résultat de tes passions et de tes préjugés, et non l'effet de la conviction. Sache qu'il n'y a de raisonnable, même aux yeux de l'Être suprême, si toutefois il y en a un, que celui qui fait en tout et partout usage de sa raison et qui se rend ainsi compte de tout ce qu'il croit aussi bien que de tout ce qu'il fait.

Chercher à s'éclairer et à s'instruire pour pouvoir prononcer avec connaissance de cause entre la vérité et l'erreur, tel est le premier devoir de la raison. Mais il me faut des raisons pour soumettre ma raison ; je ne prétends pas la sacrifier en lâche à mes intérêts, à mes passions. Aussi je me dégage en ce moment de tout ce qui peut tant soit peu lui plaire ou la contrarier, pour qu'étant entièrement à l'abri de toute influence et de toute contrainte et agissant dans toute la plénitude de sa liberté, elle n'ait un jour de reproches à me faire du parti qu'elle prendra.

L'INCRÉDULE

ENTRETIEN PRÉLIMINAIRE

LE PHILOSOPHE CROYANT.

Je vous félicite, monsieur le philosophe incrédule, de la sage détermination que vous venez de prendre. Elle est digne de tout philosophe, quelle que soit son opinion. Se servir de la raison pour la recherche de la vérité, rien de plus raisonnable, rien de plus sensé, rien de plus digne d'éloges. Elle nous est donnée pour cela, telle est sa sublime mission ; aussi, doit-elle, en tout et partout, jouer un grand rôle. Il n'y a de blâmables que ceux qui la méprisent et ceux-là seuls la méprisent et ne la consultent en rien, qui sont livrés aux passions et agissent sous leur influence.

Pour nous, nous n'en sommes pas venus à cette fâcheuse extrémité. Ce qui me rassure sur votre compte, c'est votre résolution de la suivre pas à pas et d'admettre comme vrai ce qu'elle vous montrera comme vrai.

LE PHILOSOPHE INCRÉDULE.

Monsieur le philosophe croyant, je ne comprends pas pourquoi vous m'appelez incrédule : je ne le suis point : je ne suis présentement rien, ni incrédule, ni croyant. Je ne suis qu'un philosophe raisonnable qui se dépouille de tout, si ce n'est de la raison, afin que rien n'influe sur elle, qu'elle puisse agir en liberté et voir les choses telles qu'elles sont.

LE PHILOSOPHE CROYANT.

Je n'ai nullement l'intention de vous froisser en vous appelant incrédule. Par cela même que vous ne croyez à rien, j'ai cru pouvoir vous appeler incrédule. Mais ne faisons point attention aux mots. Du reste, puisque vous êtes déterminé à consulter la raison et à ne consulter qu'elle, vous marchez dans la voie philosophique, voie digne de louanges.

Cette voie me paraît si belle, et votre détermination si sage, si sublime, que je désire de toute mon âme m'associer à vous et suivre avec vous cette voie qui nous conduira certainement à la vérité.

LE PHILOSOPHE INCRÉDULE.

Monsieur le philosophe croyant, je serais flatté et même heureux de vous avoir pour compagnon dans le voyage que je vais entreprendre dans le monde philosophique, dans le monde rationnel, mais nous ne pouvons pas aller ensemble. Moi, je ne crois à rien, et, vous, vous êtes croyant ; moi, je cherche la vérité, et, vous, vous croyez la posséder ; par conséquent, vous vous efforcerez toujours de me conquérir à votre croyance, et dans ce moment, je n'admets rien que ma raison ; je n'admets ni votre croyance, ni mon incrédulité. Au reste, j'ignore si votre croyance est bonne. Si je ne craignais de vous offenser, je vous dirais que vous êtes peut-être croyant comme je suis incrédule, sans jamais avoir cherché à vous rendre compte de votre foi, à savoir si elle est vraie. Moi, je ne rougis point de l'avouer, j'ai embrassé l'incrédulité sans m'inquiéter si elle était selon la raison.

LE PHILOSOPHE CROYANT.

Je suis croyant, il est vrai, mais je suis prêt à renoncer à ma croyance et à embrasser votre incrédulité, si votre incrédulité est plus conforme à ma raison que ma croyance. Je me mets en ce moment dans les mêmes dispositions que vous :

je fais table rase et je ne conserve que ma raison, comme vous. Nous sommes donc égaux.

Nous mettrons en commun la raison de chacun. Vous, vous produirez les preuves de votre incrédulité, et moi, celles de ma croyance ; puis, tous deux nous examinerons, nous pèserons ensemble dans la balance de l'impartialité les démonstrations de part et d'autre et nous adopterons en commun celles que la raison aura jugées plus admissibles ; car, monsieur, je veux agir loyalement avec vous. Moi aussi, je veux savoir une bonne fois pour toutes à quoi m'en tenir sur ma conduite, voir si je suis dans la vérité ou dans l'erreur. Je suis déterminé, comme vous l'êtes vous-même, à sortir des entretiens que nous aurons ensemble, de cette excursion rationnelle que nous allons entreprendre ensemble, ou un vrai croyant, ou un vrai incrédule. Ainsi, soyons bons compagnons de voyage, bien sincères, bien francs et nous finirons par être amis intimes, animés tous deux des mêmes sentiments en devenant ou moi incrédule comme vous, ou vous croyant comme moi.

LE PHILOSOPHE INCRÉDULE.

Vous me parlez, monsieur le philosophe croyant, avec tant de franchise et de raison que j'accepte de tout cœur votre offre. Allons tous deux ensemble à la conquête de la vérité, mais à la conquête par la raison. Je n'admets que la raison, entendez-vous bien. Je vous écouterai toujours quand vous me parlerez son langage et j'espère qu'il en sera de même de votre côté. La raison, voilà mon seul guide dans cette excursion philosophique.

LE PHILOSOPHE CROYANT.

Eh bien ! soit. La raison nous est donnée pour nous conduire ; c'est elle qui nous élève au-dessus de la brute, qui nous distingue de tout ce qui nous entoure et qui nous fait vivre en société. C'est à elle que je vais parler ; loin donc tout ce qui est au-dessus d'elle ; laissons tout ce qu'elle ne peut comprendre et attachons-nous à tout ce qui est à sa portée. Je ne veux me servir que d'elle pour vous parler et je vous demande que vous vous en serviez aussi pour me parler ; moi pour vous parler et vous pour m'écouter ; à votre tour, vous me parlerez et moi je vous écouterai. Et si dans tout ce que je vais vous dire il y a quelque chose que la raison ne comprenne point, quelque chose qui lui répugne, vous aurez le droit de m'arrêter et de me dire : *tenez donc votre engagement*, vous m'avez promis de ne parler qu'un langage rationnel, parlez-donc à ma raison et ne lui dites rien qui la froisse. Vous avez le droit de m'arrêter et de me rappeler à l'ordre.

Mais j'ai la ferme persuasion que vous n'userez jamais de ce droit, parce que je ne vous en fournirai jamais l'occasion. Par conséquent, je suis en droit d'exiger que vous vous serviez de la vôtre pour me parler et pour m'écouter. C'est là le véritable moyen de s'entendre et de s'entretenir amicalement et, j'ose le dire, utilement et avantageusement.

LE PHILOSOPHE INCRÉDULE.

Monsieur le philosophe, votre langage est rationnel ; je l'adopte en tout. Ma raison pour parler, ma raison pour écouter : voilà ma devise. Nous nous associons bons amis, comme de vrais philosophes. Soyons francs, soyons sincères et n'ayons qu'un désir et un but, le désir et le but de connaître la vérité, quelle qu'elle soit, de l'embrasser de tout cœur.

PREMIER ENTRETIEN.

LE PHILOSOPHE CROYANT.

Franc et sincère, je n'en demande pas davantage. Je compte sur cette franchise et sur cette sincérité de votre part, comme vous comptez de ma part sur ma sincérité et sur ma franchise. La recherche de la vérité, voilà toute notre excursion philosophique ; le désir de la trouver et de l'adopter, voilà tout notre cœur.

Mais avant de faire notre premier pas dans la région philosophique, permettez-moi de commencer à vous parler franchement et sans nul détour.

Vous m'avez dit que, pour mieux vous appliquer à découvrir la vérité, vous aviez fait *table rase* de toutes vos idées et que vous entrepreniez cette recherche en dehors de toute influence, ne conservant de tout votre être intellectuel que la raison. Je vous ai tenu moi-même le même langage, mais je sens que cette *table rase* est impossible : j'ai beau vouloir me dépouiller de mes idées, elles existent malgré moi, et je pense qu'il en est de même de vous. Puisque nous ne pouvons nous en dépouiller, nous les mettrons en face les unes des autres, et puis nous donnerons la préférence à celles qui nous paraîtront plus conformes à la raison : celles-là seules prévaudront et remplaceront dans notre entendement, dans notre esprit, celles qui n'auront pu supporter notre examen, celles qui n'auront pas eu l'appréciation de notre raison.

LE PHILOSOPHE INCRÉDULE.

Tout ce que vous me proposez est si rationnel que je l'accepte sans restriction. Je sens moi-même que, malgré tous mes efforts, il m'a été impossible de me dépouiller de mes idées. Allons donc, vous avec vos idées, et moi avec les miennes, à la conquête de la vérité. L'un ou l'autre, nous sommes dans l'erreur, puisque nos idées sont en tout opposées. Cherchons avec ardeur et avec franchise lequel de nous est dans l'illusion, mais cherchons avec le désir d'y renoncer et d'embrasser la vérité, soit que vous la possédiez, ou que je la possède.

LE PHILOSOPHE CROYANT.

Votre langage me plaît, monsieur ; il est digne de vous ; c'est le langage d'un philosophe qui ne désire que la vérité. — Eh bien ! nous voilà partis tous deux. Quand reviendrons-nous ? Lorsque nous aurons trouvé la vérité. Commençons par le commencement. — Au premier pas que nous faisons dans le monde philosophique, se présente l'idée de l'Être suprême.

LE PHILOSOPHE INCRÉDULE.

Pardon, monsieur le philosophe croyant, avant de commencer, permettez-moi de vous demander quel livre vous tenez en vos mains (et prenant le livre que le philosophe lui présente) : Ah ! je le vois bien, vous êtes un fanatique, un religieux, vous êtes imbu de fanatisme.

LE PHILOSOPHE CROYANT.

Monsieur l'incrédule, vous commencez par me parler de fanatisme. Je n'y comprends rien, ce mot est barbare pour moi. Veuillez donc me dire, je vous prie, ce que vous entendez par fanatisme.

LE PHILOSOPHE INCRÉDULE.

Par fanatisme, j'entends une personne qui, adoptant toute la religion du Christ, condamne toutes les autres, sacrifie toutes les autres à la religion chrétienne.

LE PHILOSOPHE CROYANT.

Maintenant je vous comprends. Puisque, par fanatisme, vous entendez ce que vous me dites, non seulement je me dis fanatique, mais encore je m'en glorifie et je me persuade que tout homme qui veut faire un bon usage de sa raison devra être comme moi fanatique. Je suis croyant : ma croyance, au reste, nous allons l'examiner tous deux ensemble. Je vais même plus loin. Peut-être présumé-je trop de la bonté de ma cause, je suis convaincu d'avance que, si vous suivez la raison partout où elle pourra vous conduire, vous arriverez au fanatisme tel que vous l'entendez. Je puis me tromper, mais voilà ce que j'ose espérer, ce que j'ose croire : vous serez vous-même juge.

Maintenant, je crois devoir vous dire qui je suis, afin de faire entre nous connaissance sous tous les rapports. — Je suis un philosophe croyant du midi de la France. J'ai sucé la foi avec le lait maternel ; sans jamais approfondir ma croyance, je l'ai acceptée de mes parents comme un héritage de famille, car la contrée qui m'a vu naître est une contrée éminemment religieuse. Je suis croyant comme tout le monde de ce pays, à l'exception de ceux qui vont puiser ailleurs l'incrédulité.

Sous le rapport temporel, je n'ai point à me plaindre de ma condition, je me suffis à moi-même ; sans être riche, je vis dans l'aisance. Je suis heureux dans ma simplicité ; je me contente de ce que je possède et je n'envie point ce que les autres possèdent.

Maintenant que je vous ai dit qui je suis, permettez-moi, avant d'aller plus loin, de vous demander qui vous êtes, à qui j'ai l'honneur de parler et avec qui je vais avoir l'honneur de voyager dans la région philosophique.

LE PHILOSOPHE INCRÉDULE.

Je suis incrédule de naissance, c'est vous dire que mon incrédulité est profondément enracinée en moi ; par conséquent, vous aurez de la peine à la déraciner. Mon père et ma mère me l'ont léguée : elle est pour moi un dépôt sacré que je conserve soigneusement. Au reste, je la regarde comme la véritable science, seule digne de l'homme. Jamais je n'ai eu le moindre doute sur elle. Je l'ai reçue de confiance de mes parents, sans m'en rendre compte. Aujourd'hui, pourtant, je veux savoir si elle soutient noblement la lutte contre votre croyance.

J'aime beaucoup la philosophie et l'architecture, mais la peinture est une passion pour moi, je lui sacrifie tout. Je fais mes délices à tracer mes idées sur la toile et à les transmettre ainsi à la postérité. Lorsque quelque peintre réussit mieux que moi, la jalousie me ronge et empoisonne ma vie. Je cherche en tout la gloire, et lorsque j'en ai acquis, je travaille à en acquérir davantage. Je suis insatiable d'honneurs.

La fortune m'a favorisé : je suis très riche, mais

pas très heureux. Je coule, il est vrai, mes jours dans l'abondance et dans la splendeur, mais il y a quelque chose en moi qui n'est jamais satisfait et qui me pousse sans cesse vers de nouvelles jouissances. Je ne suis jamais content de ce que je possède, toujours j'aspire à ce qui est loin de moi. Ce travail incessant pour obtenir ce que je n'ai point, mes désirs qui me portent toujours vers l'avenir, m'empêchent de jouir de ce que j'ai. Je ne jouis point du présent, parce que l'avenir est l'objet de mes vœux et le but de mes efforts. Ainsi, je ne vis que là où je ne suis point, ou plutôt je ne vis nulle part, car le présent est occupé à conquérir l'avenir, et cet avenir fuit toujours devant moi.

Paris est ma patrie; Paris, le centre de tout ce qu'il y a de meilleur et de plus mauvais en France. L'incrédulité y domine, elle y règne en souveraine, et la corruption y est à son comble. J'aime l'incrédulité, parce que selon moi elle ennoblit l'homme ; j'abhorre la dépravation, parce qu'elle dégrade l'humanité, et tout ce qui flétrit l'humanité est pour moi un objet d'horreur.

Maintenant que vous savez qui je suis et que je sais qui vous êtes, partons pour notre voyage scientifique, que rien ne nous arrête dans notre excursion philosophique.

DEUXIÈME ENTRETIEN

LE PHILOSOPHE CROYANT.

Nous voilà partis tous deux à la recherche de la vérité. Au premier pas que nous faisons dans cette région philosophique, se présente l'idée d'un être suprême. Dites-moi donc franchement, poussez-vous l'incrédulité jusqu'à ne pas croire à l'être qui a tout créé et sans lequel rien n'existerait ?

LE PHILOSOPHE INCRÉDULE.

Monsieur, je vous l'ai déjà dit et je vous le répète : je ne crois à rien de tout ce qui surpasse ma raison. Non-seulement je rejette la religion chrétienne où Dieu est partout, mais encore toute religion qui admet des vérités au-dessus de sa portée. Ainsi, je ne crois ni en Dieu ni dans le diable, ni à rien qui touche tant soit peu à ces deux êtres imaginaires et inventés par la superstition.

LE PHILOSOPHE CROYANT.

Monsieur l'incrédule, j'ai cru jusqu'ici qu'il n'était pas donné à l'homme de porter l'incrédulité jusqu'à la négation de l'être nécessaire, par qui tous les autres existent. Mais d'après ce que vous me dites, je vois que j'étais dans l'erreur. — Vous ne croyez à rien, par conséquent vous vous permettez tout. C'est là la conséquence naturelle. Ne croire à rien, voilà votre dogme ; se permettre tout, voilà votre morale. — Dites-moi, je vous prie, avez-vous beaucoup d'argent dans votre porte-monnaie ?

LE PHILOSOPHE INCRÉDULE.

Monsieur, cette question me surprend. Je ne suis pas ici pour parler d'argent. Pourtant, puisque vous tenez à connaître le contenu de ma bourse, la voici, cette bourse, elle renferme vingt mille francs, à votre service si vous en avez besoin.

LE PHILOSOPHE CROYANT.

Vingt mille francs, monsieur, c'est la fortune d'un homme, surtout d'un homme qui, comme moi, se contente de peu. Eh bien ! monsieur, je vous assure sur ma foi que si je ne croyais à rien comme vous, je vous ôterais en ce moment la vie pour m'emparer de ces vingt mille francs. En cela je ne ferais que pratiquer votre morale.

Remerciez donc le ciel que j'aie la croyance en Dieu, car cette croyance retient mon bras et même éloigne de mon esprit toute pensée d'homicide, qu'il me serait facile de commettre ici sans avoir rien à craindre de la justice des hommes.

LE PHILOSOPHE INCRÉDULE.

Diable ! monsieur, comme vous y allez ! Vous n'avez donc pas de conscience, de probité ? Vous n'avez donc aucun sentiment naturel ?

LE PHILOSOPHE CROYANT.

Que me parlez-vous de conscience, de probité, de sentiment naturel ? Tout cela est le fruit de la croyance, et là où il n'y a pas de croyance, il ne peut y avoir que des passions, on est comme une brute. Or, un animal dévore son semblable lorsque ses appétits le poussent jusque-là. Si donc l'amour de l'argent dominait en moi, ne trouvant rien en mon âme capable de contre-balancer cette passion, je ne vois pas pourquoi je ne vous déposséderais pas de vos vingt mille francs, maintenant que nous sommes seuls et dans un lieu isolé et par conséquent sans la moindre crainte de compromettre mon honneur et ma vie.

LE PHILOSOPHE INCRÉDULE.

Monsieur, je suis bien heureux que vous ayez cette croyance, puisqu'elle me sauve la vie. Cela ne me porte pas néanmoins à l'avoir : je la considère comme contraire à la raison et comme l'apanage d'un esprit borné.

LE PHILOSOPHE CROYANT.

Vous êtes donc, dans la force du terme, incrédule? Je m'aperçois qu'il ne faut pas en douter. Ne croire à rien, pas même à l'existence d'un être nécessaire, me paraît si peu selon la raison, si peu raisonnable, si peu croyable, que vous devez me l'assurer pour me le faire croire. Mais alors comment expliquez-vous notre existence et l'existence de l'univers ?

LE PHILOSOPHE INCRÉDULE.

Je ne crois pas plus à un être nécessaire, créateur de tout ce qui existe, que je ne crois à un bâton sans bout. Tout cela est absurde, indigne de la raison. Le hasard : le hasard, voilà le véritable créateur de l'univers. Le hasard, voilà ce qui satisfait ma raison, et non votre créateur suprême. — Au reste, monsieur, je prends possession de l'univers tel qu'il est. Je m'inquiète peu d'en chercher l'auteur, si tant est que je doive en admettre un; j'adopte le hasard, parce que le hasard s'accorde mieux avec ma raison.

LE PHILOSOPHE CROYANT.

Le hasard ! monsieur, que vous attribuez de

puissance au hasard ! D'après vous donc, c'est le hasard qui a tout fait, c'est le hasard qui a créé l'homme et la femme, c'est le hasard qui a créé les animaux, le hasard qui a créé le firmament avec toutes les étoiles, le soleil, la lune, et enfin le hasard a tout créé, le hasard partout et en tout. — Et cependant le hasard est un nom vide de sens, et vous donnez à ce nom vide de sens une si grande puissance, une si grande sagesse, une si grande intelligence : car l'univers et tout ce qu'il renferme révèlent une grande puissance, une grande sagesse, une grande intelligence, et vous voulez que le hasard ait fait tout cela ?

Mais si votre hasard, à qui vous attribuez tout, a été si puissant dans un temps, pourquoi ne l'a-t-il jamais plus été ? Vous me répondrez peut-être : c'est parce qu'ayant tout créé dans un temps, il n'a eu jamais plus besoin de rien créer. Vous faites donc du hasard un être intelligent, et pourtant le hasard est quelque chose d'aveugle, quelque chose d'indéfinissable, quelque chose qui n'est rien, c'est un mot qui ne dit rien et que nous employons sans en comprendre la définition.

Que penseriez-vous de moi, monsieur, si je vous disais, à vous parisien : c'est le hasard qui a fait Paris, c'est le hasard qui a fait Lyon, c'est le hasard qui a fait Bordeaux, c'est le hasard qui a fait toutes ces villes avec les merveilles qu'on y admire ; c'est le hasard qui a fait les chemins de fer, c'est le hasard qui a fait l'électricité, c'est le hasard.........

LE PHILOSOPHE INCRÉDULE.

Arrêtez-vous, monsieur le philosophe, c'est assez extravaguer. Ce sont les hommes qui ont fait tout cela, tout le monde le sait, et le hasard n'y est pour rien. Quelle folie de croire que le hasard a fait toutes ces merveilles. Nul n'ira jamais jusqu'à cette extravagance. Diable ! le hasard ! vous le feriez bien intelligent et bien puissant. Avec le hasard, vous enlèveriez à l'homme tout mérite, vous feriez de l'homme un être incapable de tout. — Je suis intéressé à parler ainsi, car en qualité d'ingénieur j'ai puissamment contribué à embellir Paris. Paris se glorifie de mes œuvres de peintre, et sous le rapport de l'architecture et de la peinture cette ville me doit une grande reconnaissance.

LE PHILOSOPHE CROYANT.

Monsieur l'incrédule, j'approuve de toute mon âme tout ce que vous venez de me dire ; votre langage est vrai et conforme à la raison. Il faudrait être insensé pour le contredire. Vous êtes indigné que j'attribue au hasard Paris avec toutes ses merveilles. Vous avez raison de l'être et, dans un moment d'indignation, vous me faites le reproche mérité de donner au hasard bien de l'intelligence.

Mais, dites-moi, si, pour réfuter victorieusement ce que je viens de dire ; si, pour en démontrer toute l'absurdité, vous me dites que dans cette supposition le hasard serait bien intelligent et bien puissant, ne puis-je pas rétorquer contre vous-même votre langage avec infiniment plus de raison? Quoi ! vous êtes étonné que je croie le hasard assez intelligent et assez puissant pour bâtir Paris avec toutes ses beautés, que tout le monde admire, et vous, vous attribuez à ce même hasard la création de l'univers ! Est-ce que Paris, fût-il mille fois plus beau qu'il n'est, peut, sous aucun rapport, être comparé à ce vaste et admirable univers ? Est-ce qu'il ne faut pas infiniment plus de puissance et de sagesse pour créer ce monde et y établir l'ordre parfait qui y règne partout ? Des hommes ont construit Paris, mais ils avaient sous la main les matériaux nécessaires : ils n'ont rien créé, mais ils n'ont fait qu'ordonner ce qui existait déjà : tandis que pour l'univers il a fallu tout créer et tout ordonner. Prenez tous les hommes que l'univers renferme et voyons si, avec leur concours et leur génie, vous pouvez tirer du néant un grain de sable et placer dans le firmament une simple étoile.

Je sens, monsieur, le besoin de respirer l'air frais, allons nous promener dans ce bois qui est devant nous. Là, nous continuerons notre entretien.

A peine fûmes-nous dans l'intérieur de cette forêt que nous entendîmes sonner les heures. Qu'entends-je, s'écria-t-il, tout stupéfait ? N'est-ce pas une pendule ? Allons, voyons ce que c'est : nous arrivons auprès d'une pendule que j'avais eu soin de placer au milieu d'un bosquet, elle sonnait midi. Notre philosophe, étonné, tire sa montre, c'est midi. Quel est l'insensé qui a installé cette pendule dans ce lieu inhabité ? L'insensé, monsieur, réponds-je, c'est le hasard ; c'est le hasard qui a fabriqué cette pendule, le hasard qui l'a placée là où vous la voyez. Que dites vous : le hasard, le hasard, le hasard ? répliqua-t-il avec animation : le hasard n'est en rien ici. Le hasard ne va pas jusque-là. — Quoi ! monsieur, le hasard ne va pas jusqu'à faire une pendule ? et vous voulez qu'il aille jusqu'à créer cet univers avec cet ordre admirable qu'on y remarque ? Laissez-donc votre hasard, vous reconnaissez son impuissance à organiser une pendule, à plus forte raison devez-vous lui refuser l'œuvre merveilleuse de la création.

Et comment pourriez-vous raisonnablement reconnaître le hasard pour le créateur du monde, pour l'ordonnateur de l'ordre parfait qui y règne partout, tandis que vous lui refusez la puissance de fabriquer une pendule ? La pendule, monsieur, quelle qu'elle soit, est l'œuvre d'une puissance finie, tandis que l'univers est au-dessus de toute puissance humaine, fusse-t-elle la puissance réunie de tous les hommes qui ont existé et qui existeront ; et vous voulez que le hasard produise l'œuvre d'une puissance infinie et vous lui refusez l'œuvre d'une puissance finie. Il me semble qu'il y a là de quoi faire réfléchir, qu'en pensez-vous ?

LE PHILOSOPHE INCRÉDULE.

Monsieur, je suis convaincu que mon incrédulité ne peut pas lutter sur ce point : vos raisonnements sont concluants et sans réplique, aussi commencé-je à me défier d'elle. Vous avez parfaitement raison, je comprends maintenant que j'attribue trop au hasard, je comprends aussi qu'il pourrait y avoir un être créateur à qui nous devons notre existence et l'existence de l'univers. Tâchez-donc de continuer à me parler un langage dicté par la raison, pour que je puisse le peser et le comparer avec tout ce que j'ai dit jusqu'ici, car si je suis dans l'erreur, je désire en sortir ; il n'y a que le grand désir de m'éclairer qui m'a porté à m'entretenir avec vous. Si je trouve que j'ai raison, je serai heureux de conserver mes sentiments et de rester dans l'incrédulité, si au contraire je vois que j'ai tort, que je suis dans l'erreur, je veux embrasser la vérité et serai heureux de croire. En un mot, ma seule volonté est de me conduire selon la raison, d'adopter ce qu'elle adopte, de rejeter ce qu'elle rejette. La raison est tout pour moi, elle sera mon guide en tout et pour tout.

LE PHILOSOPHE CROYANT.

Je veux bien, monsieur, continuer selon vos désirs, l'entretien sur l'existence d'un être nécessaire. Vous m'avez dit au commencement que vous preniez possession de l'univers, sans chercher à savoir s'il a un créateur, et que, s'il fallait admettre un créateur, vous choisiriez le hasard. Vous venez de voir combien il est absurde de faire du hasard l'auteur de ce monde. Vous l'avouez vous-même, puisque vous regardez comme la plus grande absurdité de le faire l'auteur de Paris, à plus forte raison de l'univers, puisqu'il faut une puissance infinie pour créer l'univers, tandis que Paris est l'œuvre d'une puissance finie, d'une puissance humaine.

Par conséquent, vous devez mettre de côté le hasard et, ou attribuer à un être supérieur la création de ce monde, ou rejeter tout créateur et jouir de ce monde avec toutes ses merveilles sans s'inquiéter comment il existe. Mais cette dernière supposition est absurde ; vous le comprendrez facilement par quelques raisons et mieux encore par quelques comparaisons.

Dites-moi, je vous prie, que penseriez-vous de moi, si, vous montrant ma maison que voilà, je vous disais : je prends possession de ma maison sans chercher à savoir si elle a eu un fondateur ou si elle s'est faite elle-même, ou si le hasard en est l'auteur. Vous me traiteriez de fou et vous auriez raison, car nous savons fort bien tous, tant que nous sommes, que les maisons ne se bâtissent pas elles-mêmes et que le hasard n'est en rien dans leur construction. Moi, je n'ai rien fait dans ma maison, je l'ai trouvée telle qu'elle est : mais est-ce-là une raison pour nier qu'elle a été faite par un autre ? Mon père me l'a transmise et moi je la transmettrai à mon fils. Est-ce qu'elle n'a pas été bâtie par un de mes ancêtres ? j'ignore, il est vrai, lequel, j'ignore même l'époque de sa construction, rien ne me l'apprend et tout porte à croire qu'elle existe depuis bien des années. Mais parce que je ne puis pas fixer l'époque et désigner l'ancêtre qui l'a bâtie, puis-je, sans rejeter le bon sens et le sens commun, je ne dis pas croire, mais avoir l'ombre de doute que ma maison n'a pas eu un fondateur ?

Je vais maintenant vous tenir un langage qui certainement finira par vous convaincre. Vous êtes peintre et architecte, vous avez donc fait des tableaux et dressé des plans de construction. Aurais-je bonne grâce, en voyant un de vos tableaux et un de vos monuments, de dire : ce tableau, cet édifice, ou se sont faits eux-mêmes, ou sont l'œuvre du hasard ? — Vous me répondriez bien vite : ce sont mes œuvres, et je sais mieux que personne combien elles m'ont coûté de travail d'esprit. — Tout tableau suppose donc un peintre, et tout édifice un architecte. Ceci est de la dernière évidence. Pourquoi donc voudriez-vous que l'univers, tableau parfait, structure admirable, tout au-dessus de la puissance humaine, ne supposât pas un auteur, et un auteur infiniment puissant et infiniment intelligent ?

LE PHILOSOPHE INCRÉDULE.

Monsieur le philosophe, votre langage est si rationnel qu'on ne peut s'empêcher de l'adopter. Il vient de me convaincre que j'étais dans l'erreur en attribuant au hasard la création de l'univers, ou en supposant qu'il n'avait pas de créateur, qu'il s'était fait lui-même. Plus on considère cet univers, plus on y trouve un tableau parfait, une structure magnifique. C'est un peintre et un architecte qui en est l'auteur, mais un peintre et un architecte qu'on ne rencontrera jamais parmi les hommes. La puissance et la science humaines ne vont pas jusque-là.

Je suis convaincu sur ce point, j'admets donc l'existence du Créateur. Je vous exprime toute ma reconnaissance d'avoir éclairé ma raison sur cette vérité. Cependant, avant de passer outre, comme vous me parlez un langage de raison, je vous prierais de confirmer tout ce que vous venez de dire par quelques autres raisons, si toutefois vous en connaissez.

LE PHILOSOPHE CROYANT.

Je me rends volontiers à vos désirs : les preuves ne manquent point pour démontrer cette vérité première d'où découlent toutes les autres comme les eaux de leur source.

Puisque vous êtes peintre et architecte, vous êtes mieux à même que moi d'apprécier la perfection du tableau et de la structure de l'univers. Cela suffirait. Je veux, néanmoins, avant de nous séparer et de renvoyer à demain la suite de notre entretien, vous communiquer un fait qui me ravit d'admiration et qui prouve d'une manière incontestable que le Créateur est infini en puissance et en sagesse : n'y eût-il que ce fait-là, on ne pourrait s'empêcher de reconnaître une puissance et une sagesse souveraines dans celui qui en est l'auteur.

Vous voyez ce vide immense au-dessus de nos têtes, vous avez vu probablement l'immense étendue de la mer et vous connaissez la vaste superficie de la terre. Eh bien, l'air, la mer, la terre sont habités. Ce fait existe et jamais peut-être il n'a frappé votre imagination : nous nous familiarisons avec lui dès notre enfance ce qui fait que nous ne le remarquons point. Pourtant, si vous voulez y réfléchir un peu avec moi, vous découvrirez dans ce fait une puissance suprême.

Pour voir tout ce qu'il renferme de merveilleux, sortons un moment de notre état naturel et supposons pour un instant que nous sommes jetés en ce monde dans une ignorance complète de tout ce qui existe sur la terre, dans les airs et dans la mer, et voilà qu'on vient vous dire : vous voyez ce vide immense au-dessus de nos têtes dans lequel vous ne pouvez pas faire tenir un cheveu, il y a néanmoins des créatures qui en font leur patrie, qui le traversent en tout sens et qui ne sont pas plus gênées dans ce vide, dans l'air, que nous sur la terre. Et la mer aussi est peuplée d'une infinité de créatures, et la terre est habitée dans toute son étendue. Toutes ces créatures n'ont pas la même organisation. Il faut pour chacune d'elles une organisation propre à l'élément qui doit lui servir de séjour, propre à l'élément dans lequel elle doit vivre. Une créature terrestre ne pourrait pas vivre dans la mer, ni une de la mer ne saurait vivre sur la terre. L'air que nous respirons est nécessaire à notre existence et ce même air est mortel aux poissons et la mer nous serait mortelle à nous, tandis que les poissons sont là dans leur élément. Nous ne sommes pas plus faits pour la mer que les poissons pour la terre ; il a donc fallu donner à toutes ces créatures une organisation différente, une organisation spéciale à chacune. Comment faire des créatures pour voltiger dans l'air, dans le vide ? Comment en faire pour se jouer dans la mer ? et comment en faire pour habiter la terre ? Dites-moi, est-ce une puissance ordinaire qui peut faire cela ? Est-ce une sagesse ordinaire qui peut ainsi ordonner les choses et faire des créatures pour chaque élément et ne laisser rien sans habitants : habitants dans l'air, habitants dans l'océan, habitants sur la terre. Y avez-vous jamais réfléchi ; et si vous voulez y réfléchir un peu, ne trouverez-vous pas de quoi vous convaincre que tout cela ne peut être que l'œuvre d'une puissance et d'une sagesse sans bornes, que tout cela ne peut être créé et coordonné de la sorte que par un être infiniment puissant et infiniment sage ?

LE PHILOSOPHE INCRÉDULE.

Jamais, monsieur, je n'ai fait les réflexions que vous me suggérez : j'ai toujours pris les choses telles qu'elles existaient. Jamais, si je ne le voyais de mes propres yeux, je n'aurais pu croire que des créatures pouvaient vivre dans l'air et dans la mer, deux éléments si différents et qui par conséquent nécessitaient dans ces créatures une organisation différente et même opposée. Tout cela est admirable, tout cela confirme en mon âme la croyance en un être tout puissant et d'une sagesse infinie ; car pour créer et organiser ainsi ces créatures, une puissance et une sagesse communes ne suffisent point, j'en suis convaincu.

Grâce à vous je crois, et rien au monde ne

m'arrachera cette croyance, parce que ma raison l'adopte. Je crois à un être suprême, créateur de tout ce qui existe ; voilà mon symbole, ma profession de foi, je crois et je m'arrête là ; je crois en Dieu, voilà toute ma croyance et c'est déjà beaucoup. Je suis entré en colloque avec vous tout à fait incrédule et j'en sors tout à fait croyant.

LE PHILOSOPHE CROYANT.

Je suis heureux, monsieur, d'avoir établi dans votre esprit la croyance en Dieu ; mais il ne faut pas s'arrêter là, car si vous admettez l'existence de Dieu parce que je vous l'ai démontrée par la raison, j'espère vous prouver d'autres vérités de la même manière.

LE PHILOSOPHE INCRÉDULE.

Monsieur, vous êtes si raisonnable qu'il ne m'est pas possible de vous refuser ce que vous me demandez, d'autant plus que tel est aussi mon désir. Ma raison me dit d'écouter votre langage, et si vous ne vous servez que de la vôtre pour les autres croyances, comme vous avez fait pour celle-ci, je pèserai vos preuves et les admettrai ou les rejetterai, selon que je les trouverai ou raisonnables ou déraisonnables. A demain donc ; je reviendrai avec la croyance en un être suprême, pas incrédule sur tous les points, comme je suis venu aujourd'hui.

TROISIÈME ENTRETIEN.

Dieu est notre créateur, et nous, nous sommes ses créatures. En qualité de créateur, Dieu a-t-il droit sur nous, et nous, comme créatures, avons-nous des obligations envers lui ?

LE PHILOSOPHE CROYANT.

Bonjour, monsieur le philosophe incrédule. Vous me pardonnerez, je l'espère, ma franchise. Au reste, il faut rectifier un peu notre langage. Hier vous étiez incrédule dans la force du terme, mais aujourd'hui vous ne l'êtes pas entièrement, puisque nous nous sommes séparés, vous avec la croyance en Dieu notre créateur, et moi, avec le bonheur de vous avoir donné cette croyance par les raisons que vous avez approuvées. Je suis au comble de la joie de vous avoir démontré l'existence d'un être nécessaire par les seules lumières naturelles, et je me flatte que ce premier pas fait dans la voie de la crédulité, vous conduira à d'autres croyances ; vous êtes si raisonnable, que j'espère tout de votre raison et de la mienne ; de la mienne, pour prouver les vérités, et de la vôtre, pour les adopter. Continuons donc de nous entretenir ensemble, ou si vous aimez mieux de philosopher ensemble.

LE PHILOSOPHE INCRÉDULE.

Monsieur, vous m'avez si bien prouvé l'existence d'un créateur, d'un être souverainement puissant et souverainement sage, que j'admets cette vérité, et tout philosophe sensé l'admettra comme moi. Ma croyance en ce moment ne va pas plus loin et je m'arrête là, à moins que vous ne veniez à produire dans mon esprit d'autres convictions naturelles : je me sers à dessein de ce mot naturelle, car je veux en tout que la raison soit mon guide. J'ai été jusqu'ici incrédule parce que j'ai eu l'incrédulité raisonnable. Je deviendrai croyant lorsque vous m'aurez démontré par la seule lumière de la raison que je ne puis rester incrédule sans abdiquer la raison, mais je doute que vous puissiez parvenir à me démontrer rationnellement d'autres vérités, par exemple, que nous devons quelque chose à notre créateur. Nous lui devons l'existence, je l'avoue, telle est ma croyance : mais j'aurai peine à comprendre que nous ayons envers lui d'autres obligations.

LE PHILOSOPHE CROYANT.

Vous admettez, monsieur le philosophe, la première de toutes les vérités, par conséquent, la première de toutes les croyances : l'existence de notre créateur, que nous appelons Dieu. Dieu est donc notre créateur et nous sommes ses créatures. Il s'agit maintenant de savoir si notre créateur a des droits sur nous et si nous, créatures, avons des obligations envers lui. J'espère, monsieur, vous démontrer par la raison ces deux propositions avec autant d'évidence que je vous ai prouvé la première de toutes, savoir : la nécessité d'un créateur infiniment puissant.

LE PHILOSOPHE INCRÉDULE.

D'après tout ce que vous m'avez dit, je crois qu'il y a un être nécessaire, créateur de tout ce qui existe. Ma raison admet cette existence sans laquelle rien n'existerait. Et ce créateur est tout puissant, cela se conçoit, parce qu'il faut être tout puissant pour créer et infiniment sage pour établir un ordre parfait dans la création. Mais je crois qu'une fois l'univers et tout ce qu'il renferme créé, il ne s'en occupe plus : je ne vois point ce qu'il a à faire de nous et ce que nous avons à faire de lui. Que voulez-vous qu'il fasse de nous et que voulez-vous que nous fassions de lui ? Il est trop grand et nous sommes trop petits pour que nous soyons dignes d'être l'objet de ses pensées et de son amour. La distance entre lui et nous est trop grande, pour qu'il daigne venir jusqu'à nous et que nous puissions aller jusqu'à lui. Telle est et telle sera ma croyance, à moins que vous ne convainquiez ma raison du contraire, car je suis toujours disposé à admettre ce qu'elle me dira d'admettre.

LE PHILOSOPHE CROYANT.

Avant d'en venir aux preuves de ma proposition, permettez-moi de répondre aux raisons que vous me donnez de votre incrédulité. Vous dites que Dieu est trop grand et que nous sommes trop petits pour qu'il daigne s'occuper de nous, que la distance qui nous sépare est trop grande pour qu'il vienne à nous et que nous puissions aller à lui. Le Créateur est bien grand et nous sommes bien petits, cela est vrai ; mais est-ce là une raison pour qu'il nous délaisse et nous abandonne à nous-mêmes ? Nous étions bien plus petits et nous étions bien plus loin de lui quand nous n'existions point, et cependant il s'est occupé de nous pour nous tirer du néant, et vous prétendez que maintenant que nous sommes ses créatures il ne fait plus attention à nous. Il est évident, au contraire, qu'il a plus de raisons de s'occuper de nous maintenant que nous existons que quand nous n'existions point, que lorsque nous n'étions rien. Il est notre créateur, pourquoi ne serait-il pas notre conservateur et notre protecteur? Nous sommes son ouvrage, et vous voulez qu'il ne jette pas quelque regard de complaisance sur cet ouvrage ; vous voulez qu'il soit à ses yeux indigne de sa pensée ? Il est absurde d'attribuer à notre créateur de tels sentiments.

J'avoue que la distance qui nous sépare est immense, mais elle était bien plus grande entre lui et le néant qu'entre lui et nous. Il l'a franchie par pure bonté, pour nous tirer de l'abîme du néant. Et pourquoi ne la franchirait-il pas aujourd'hui pour avoir soin de nous, pour nous tirer de l'abîme de misère ? Il s'est occupé de nous pour nous donner l'existence et vous prétendez qu'il rejette comme indigne de lui cette existence qui est son œuvre ? Cela n'est pas admissible. Venons maintenant aux démonstrations rationnelles : elles finiront par vous convaincre que ce langage est antirationnel.

Dieu est notre créateur, et nous, nous sommes ses créatures; nous sommes d'accord sur ce point. Il existe donc essentiellement entre lui et nous le rapport de créateur et de créature : ce rapport n'est autre chose que la souveraineté du créateur sur la créature et notre dépendance de lui, la dépendance de la créature au créateur. Ce rapport essentiel entre celui qui crée et celui qui est créé existe nécessairement, ne peut ne pas exister.

4

Dieu lui-même ne peut le détruire. Le créateur était libre de ne pas nous tirer du néant, mais voulant nous créer, mais se déterminant à faire les fonctions de créateur, il était astreint aux conditions de la création, car il est absurde qu'il puisse créer sans observer ce que la création emporte avec elle, ce qu'elle exige, ce qui est de sa nature, ce sans quoi elle serait impossible. Or, ces rapports naturels entre le créateur et la créature établissent l'empire de Dieu créateur sur nous et notre dépendance de nous, créature, de sa souveraineté. Dieu est donc notre maître, et nous, nous sommes ses serviteurs; nous sommes ses sujets, et lui est notre souverain; nous sommes ses enfants, et lui est notre père. Ainsi, soit que nous considérions Dieu comme notre créateur, soit que nous l'envisagions comme notre souverain, soit que nous le regardions comme notre père, il existe nécessairement entre lui et nous les rapports de créature, de sujet, d'enfants. Vous comprenez, par là, que nous sommes obligés de croire que notre créateur s'occupe de nous; il s'occupe de nous comme un créateur s'occupe de la créature, comme un roi s'occupe de ses sujets, comme un père s'occupe de ses enfants.

Vous êtes peintre, monsieur. Lorsque vous avez fait un tableau, l'abandonnez-vous à la merci de tout le monde ? Ce tableau est la production d'une idée que vous aviez dans l'esprit et que vous avez réalisée sur la toile. Il y a donc dans ce tableau quelque chose de vous, qui vous attache à lui. Vous le conservez avec soin et lors même que vous vous en dépossédez moyennant une indemnité ou par pur don, vous avez toujours pour lui, dans votre âme, quelque chose que vous n'avez pas pour un autre tableau, œuvre d'un autre peintre.

Vous êtes père. Qu'éprouveriez-vous dans votre cœur si quelqu'un venait vous dire d'abandonner vos enfants une fois mis au monde, de ne plus vous en occuper, que vous n'avez que faire d'eux et qu'eux n'ont que faire de vous. D'abord, que vous n'ayez que faire de vos enfants, je vous l'accorde, si vous voulez ; mais que vos enfants n'aient pas besoin de vous, vous voyez comme moi combien ce langage est contraire à la justice et au bon sens. Par la même raison, que Dieu n'ait que faire de nous, je le comprends, il est infiniment puissant et infiniment heureux. Mais que nous, misérables que nous sommes, faibles roseaux battus par tous les vents, nous n'ayons pas besoin de lui, c'est plus qu'absurde, plus qu'un langage insensé. Nous sommes dans un besoin continuel de Dieu pour conserver cette vie ; nous n'avons rien de nous-mêmes : l'air que nous respirons nous vient de notre créateur, et vous voudriez que nous n'ayons que faire de lui. Que vous en semble-t-il ?

LE PHILOSOPHE INCRÉDULE.

Jamais, monsieur, je n'avais envisagé la question ainsi que vous me la présentez. Votre raisonnement a fait une grande impression dans mon esprit, il l'a éclairé. Je comprends très bien maintenant qu'il y a des rapports naturels entre le créateur et la créature, que ces rapports constituent, ou plutôt sont sa souveraineté sur nous et notre dépendance, que ces rapports donnent au créateur sur nous un droit réel et nous imposent des obligations envers lui. La comparaison de l'intérêt que porte un père à ses enfants et de l'attachement qu'a un peintre pour un tableau qu'il a fait, finissent de me convaincre que notre créateur s'occupe de nous, comme un ouvrier de son œuvre.

LE PHILOSOPHE CROYANT.

Tout ce que je viens de dire, monsieur, est de nature à porter la conviction dans un esprit libre de préjugés, dans un esprit qui aime la vérité et qui la cherche avec sincérité. Tout cela est propre à convaincre celui qui veut se laisser convaincre et qui ne se plaît à repousser la lumière quand elle se présente à ses yeux. Cela suffirait donc, mais comme j'ai des raisons plus intelligibles, peut-être aussi plus convaincantes, avant de passer outre, je vous demande un peu de patience.

LE PHILOSOPHE INCRÉDULE.

Parlez, monsieur, je vous écoute, continuez toujours à me parler un langage de raison, et ma raison, éclairée par la vôtre, se fera un plaisir de lui rendre hommage en adoptant son langage.

LE PHILOSOPHE CROYANT.

Je vais, monsieur, vous démontrer d'une autre manière que le créateur a des droits sur nous et que nous, ses créatures, nous avons des obligations envers lui.

Tout homme qui jouit du bon sens se propose toujours une fin dans ses actions; supposer le contraire, serait une absurdité révoltante et contre nature. L'expérience, au reste, ne laisse nul doute sur ce point. Dieu, infiniment plus sage que l'homme, a dû se proposer une fin dans l'œuvre de la création, et cette fin ne peut être que lui-même, d'abord parce que rien n'existait que lui et ensuite parce qu'une autre fin serait indigne de lui. Dieu ne doit agir finalement que pour lui-même. Il peut se proposer d'autres fins, mais ces fins sont secondaires et coordonnées à la fin principale qui est lui-même.

On se demande ici ce que peut se proposer Dieu pour lui-même, puisqu'il possède tout au suprême degré? Rien ne pouvant augmenter son bonheur, tout étant parfait en lui, que peut-il se proposer? Quel avantage peut-il tirer de la création? — Il ne peut se proposer qu'une fin, celle de manifester tous ses attributs, de faire paraître à l'extérieur sa puissance, sa sagesse, sa grandeur, sa gloire. Il faut donc que tous les attributs divins éclatent dans la grande œuvre de la création, et qu'il y ait une créature capable d'admirer cette belle œuvre et de rendre gloire à Dieu pour tout ce qu'il a fait; cette créature, c'est nous, c'est l'homme; l'homme entre donc comme un être essentiel dans le plan de la création. Sans lui, la création serait, il est vrai, un chef-d'œuvre, mais un chef-d'œuvre sans admirateur, un chef-d'œuvre sans fin, un tout parfait, mais un tout qui manquerait d'une créature qui l'ennoblit. Cet univers, sans l'homme, serait un palais magnifique, mais un palais sans habitants; un temple superbe, mais un temple sans adorateur; une beauté incomparable, mais une beauté sans appréciateur. Tout serait muet, sans l'homme; sans lui, Dieu aurait agi en aveugle, supposition absurde. L'homme est une créature privilégiée, destinée à faire atteindre à la création la fin que le créateur s'est proposée en fécondant le néant.

Et cette sublime mission que l'homme est chargé de remplir au milieu de toutes les créatures qui l'entourent, pensez-vous que Dieu n'est pas en droit de l'exiger? — Pensez-vous que l'homme, à qui Dieu fait un si grand honneur, n'est pas dans l'obligation de correspondre à sa bonté et d'avoir pour lui des sentiments de reconnaissance?

Lorsque, comme peintre, vous avez fait un chef-d'œuvre, le portez-vous dans le désert, asile des bêtes féroces et où l'homme ne pénètre point? Ne l'exposez-vous pas, au contraire, à la vue de vos semblables, afin qu'ils admirent votre œuvre et en rapportent la gloire à son auteur? Si l'homme n'existait point, qui contemplerait le spectacle ravissant de la nature? Qui l'admirerait et en glorifierait le créateur? Pourquoi le Seigneur aurait-il déployé tant de munificence? Ne ressemblerait-il pas à un peintre qui irait étaler ses chefs-d'œuvre au fond d'une contrée inhabitée? Point de peintres assez insensés pour agir de la sorte? Et il se trouvera des esprits assez aveugles, des têtes assez folles pour soutenir, pour prétendre que le créateur a placé l'homme au milieu de la création sans mission, sans qu'il exige de lui un sentiment d'admiration pour toutes les merveilles qu'il offre à sa vue et un sentiment de reconnaissance pour son auteur?

LE PHILOSOPHE INCRÉDULE.

Votre langage, monsieur, est si philosophique, si rationnel, que je ne me lasse point de vous écouter. Il a porté la lumière dans mon esprit. Je suis convaincu, maintenant, que le créateur a agi dans la création pour lui-même, qu'il a chargé l'homme de contempler son œuvre et d'en glorifier l'auteur. Je comprends que tout cet univers serait un hors-d'œuvre sans l'homme, que l'homme seul le rend parfait en le rendant digne de son créateur et qu'il doit à Dieu des sentiments de reconnaissance pour tout ce qu'il a fait pour lui. Je comprends aussi et j'admets la vérité de vos deux propositions, savoir que le créateur a des droits sur la créature et que la créature a des obligations envers son créateur. — Assez sur ce point, j'admets tout cela.

LE PHILOSOPHE CROYANT.

Bien que vous soyez convaincu, je ne terminerai pas, monsieur, cet entretien sans produire ici une raison aussi puissante que toutes celles que j'ai fait valoir jusqu'ici. Elle fortifiera de plus en plus mes preuves et gravera profondément dans votre âme la croyance que le créateur a des droits sur la créature et la créature des obligations envers son créateur.

De toutes les créatures de l'univers, l'homme seul est doué de la faculté de connaître, d'aimer et de manifester au dehors ce qu'il sent au dedans. Quel est l'objet de ces facultés? C'est évidemment la vérité. Notre corps a la faculté de montrer à l'extérieur la connaissance de notre esprit et l'affection de notre cœur, et comme l'auteur de notre être est la source de la vérité et de l'amour, toutes ces facultés, dont l'homme seul est doué, ne nous ont été données que pour le connaître, l'aimer et le servir par la manifestation des connaissances de son esprit et des sentiments de son cœur. Il résulte de là, que notre créateur ne donne à l'homme ces facultés qu'afin que nous en fassions l'usage pour lequel il nous les a données; et en faire cet usage, n'est autre chose qu'honorer notre créateur, lui rendre nos hommages et remplir aussi nos obligations envers sa souveraineté.

LE PHILOSOPHE INCRÉDULE.

Monsieur, j'admets tout ce que vous me dites, ma raison comprend votre langage et l'adopte. Je crois que l'homme a une mission à remplir au milieu de la création, qu'il entre comme partie essentielle dans l'œuvre créée. Il vous reste maintenant à me faire connaître cette mission et comment il faut la remplir. A demain, cette importante question, etc.

QUATRIÈME ENTRETIEN.

Quelle est la mission de l'homme au milieu de la création et comment il doit la remplir.

LE PHILOSOPHE CROYANT.

Monsieur, dans le dernier entretien, nous avons vu que le créateur a des droits sur la créature et que la créature a des obligations envers le créateur. Aujourd'hui, dans cet entretien, je vais vous faire connaître ces obligations et la manière de s'en acquitter. La question est de la plus haute importance, je vous prie donc de me prêter une attention proportionnée à la gravité du sujet et à l'intérêt que nous avons tous à savoir ce que l'homme est chargé de faire de la part de son créateur, pour que la création ait une fin digne de son créateur.

LE PHILOSOPHE INCRÉDULE.

Je n'ai, monsieur le philosophe croyant, qu'un désir, celui de m'éclairer et de sortir de mon incrédulité, si cette incrédulité est contraire à la raison. Parlez donc, et parlez toujours, comme vous avez fait jusqu'ici, un langage que mon esprit puisse comprendre ; je vous écoute avec le vif désir de connaître la vérité et avec la ferme détermination de l'embrasser aussitôt que ma raison la jugera conforme à ses lumières.

LE PHILOSOPHE CROYANT.

Avant la création, il n'existait que l'être suprême, le créateur. Il n'y avait donc qu'une volonté, sa volonté toute puissante. En tirant du néant les créatures, le créateur n'a fait que réaliser au dehors cette volonté, par conséquent, chaque créature étant l'effet de cette volonté, a eu pour mission de la produire. Aussi, voyons-nous dans ce vaste univers la volonté du Seigneur s'accomplir partout. Le soleil, depuis le commencement du monde, n'est occupé qu'à faire sa volonté et la fera jusqu'à la consommation des siècles, c'est-à-dire tant que ce monde existera. Toutes les créatures qui nous entourent accomplissent cette volonté avec d'autant plus d'exactitude, qu'elles agissent aveuglément, sans avoir ni l'intelligence de ce qu'elles font, ni le pouvoir de ne pas le faire, elles sont nécessitées ; cette volonté leur est imposée, elles n'existent et n'atteignent leur destination que par elle. Ceci est évident, nos yeux nous convainquent de cette vérité.

Au milieu de cet ordre admirable qui règne dans ce monde matériel, où chaque créature suit en aveugle la voie qui lui a été tracée sans pouvoir s'en écarter, le créateur en a placé une qu'il a douée de liberté, qui, par conséquent, peut faire librement ce que les autres font nécessairement. Sans cette créature libre, c'est-à-dire ayant le pouvoir d'accomplir ou de ne pas accomplir la volonté du créateur, on chercherait en vain tous les attributs divins empreints dans la création. Je ne vois que dans cette créature, la liberté, faculté de choisir entre le bien et le mal. Sans cette liberté, tout serait matériel, tout serait aveugle, tout serait nécessité. La création ne serait point une œuvre digne du créateur, mais avec cette sublime faculté, tous les attributs divins reluisent dans l'univers. L'homme, cette créature libre, est l'abrégé de la création ; en lui, on remarque en petit tous les attributs de son auteur ; il a en petit tout ce que son créateur a en grand. Placé entre le créateur et la créature, il est spirituel et corporel pour avoir des rapports comme corporel avec la créature et comme spirituel avec le créateur.

Mais en donnant à l'homme le pouvoir de faire

ou de ne pas faire sa volonté, le créateur ne s'est point dépossédé de son droit sur lui, sa volonté nous est toujours imposée comme un devoir, elle ne doit pas être moindre à notre égard qu'à l'égard des autres créatures. Seulement, il veut que l'homme l'accomplisse librement, volontairement, et qu'il en fasse toujours la règle de sa conduite. Il veut qu'il fasse librement ce que les autres créatures font nécessairement. L'auteur de l'univers a imposé impérieusement sa volonté à toutes les créatures dépourvues de raison, d'intelligence. Cette volonté impérieuse est précisément ce qui maintient l'ordre parfait que nous admirons ; elle est si profondément dans les conditions de leur existence que si elles pouvaient s'en affranchir un seul instant, la destruction de ce monde serait inévitable, c'en serait à jamais fait de toute la création. Mais à l'homme, il la lui impose librement, il respecte en lui cette liberté et ces nobles facultés dont il l'a doué. Il veut que l'accomplissement de sa volonté parte du fond de ces facultés, qu'il soit en lui un acte libre d'amour et de reconnaissance.

LE PHILOSOPHE INCRÉDULE.

Votre langage, monsieur, est très intelligible et en même temps, très convaincant. La création, n'existant que par la volonté du créateur, elle doit constamment produire cette volonté, c'est ce que nous remarquons dans l'univers. L'homme est l'âme et le lien de la création, de toutes les créatures, la seule libre ; il doit produire librement sa volonté et remplir ainsi sa mission par le digne usage de ses facultés.

Je plains de toute mon âme les incrédules qui sont comme j'ai été jusqu'ici moi-même dans l'erreur en croyant que l'homme n'était chargé d'aucune mission dans ce monde, qu'il n'avait qu'à jouir de la création, en retirer tous les avantages sans se préoccuper de ce qu'il devait aux créatures faites pour lui et au créateur qui l'a gratifié de tant et de si belles prérogatives en lui donnant ces nobles facultés qui l'élèvent au-dessus de tout ce qui l'entoure.

LE PHILOSOPHE CROYANT.

Avant de quitter ce sujet, permettez-moi, monsieur, d'ajouter aux considérations que j'ai déjà faites, une dernière observation. Vous-même vous me la suggérez.

Vous voyez, par tout ce que je viens de dire, combien sont aveugles et déraisonnables ces esprits dénaturés qui prétendent que l'homme n'a d'autre mission à remplir sur la terre que celle de se rendre heureux, n'importe comment, que le créateur l'a jeté au milieu de la création comme un avorton en lui disant : « Va, créature indigne « d'occuper désormais ma pensée. Je suis ton

« créateur, il est vrai, mais je m'arrête à ce titre
« de créateur ; je ne veux plus rien faire avec toi.
« Que tu sois heureux ou malheureux, tout m'est
« indifférent. Je te livre tout l'univers, fais-en ce
« que bon te semblera ; je t'abandonne à toi-
« même. Je suis sorti de moi-même pour te créer
« et pour créer l'univers, je rentre en moi-même,
« adieu pour toujours. »

Comme ce langage est injurieux et déraisonnable ! Comme celui qui le tient a peu de conception et de bon sens ! Et l'on prête au créateur ce langage et l'on pousse la folie jusqu'à mettre dans sa bouche l'expression d'un esprit aveugle et d'un cœur perverti. Pour confondre à jamais un tel langage et fortifier tout ce qui a été dit dans cet entretien, je vais transcrire un passage des œuvres de Lamourette. Ce grand génie inspirera une confiance proportionnée à son vaste savoir.

« La terre est pleine de la gloire de Dieu ; en
« effet, tout ce qu'elle est, tout ce qu'elle ren-
« ferme, tout ce qui l'entoure, n'étant que les ac-
« compagnements de l'homme dont le caractère
« d'être intelligent l'établit roi de son habitation
« et de tout ce qu'il trouve de préparé pour le
« servir, l'homme étant, par conséquent, l'âme, le
« centre de tout ce qui subsiste à côté de lui, il
« ne fait, pour ainsi dire, avec le reste des êtres
« qui ne sont que comme les accessoires et son
« enveloppe, qu'un seul tout, qu'un même système

« de création, de sorte que tout est bénit dans
« l'homme et que c'est à toute la terre que le
« verbe de Dieu communique et apporte l'infinité
« de grandeur et d'excellence. C'est pourquoi
« l'homme, considéré comme l'organe naturel de
« l'adoration que toute créature doit à son auteur,
« est représenté partout comme inspirant son
« âme, sa pensée et son vouloir de tout ce que Dieu
« a fait de brut et d'inanimé et comme s'envelop-
« pant de tout son domaine pour rendre gloire à
« la majesté souveraine. Non seulement il or-
« donne à son intelligence de glorifier le nom de
« Dieu, mais il porte le même commandement à
« toutes les parties qui composent sa possession,
« à tous les ouvrages du Seigneur...... à tout ce
« qui nage dans les flots, à tout ce qui marche et
« rampe sur la terre, à tout ce qui voltige dans
« les cieux ».

(LAMOURETTE. — *Pensées de la Philosophie de la Foi.*)

De toutes les créatures, l'homme seul possède les nobles facultés qui le mettent à même d'agir avec intelligence et d'avoir des rapports avec son auteur. Dieu l'a établi roi de la création : tout a été fait pour lui ; il doit se l'incorporer, s'il m'est permis de parler de la sorte, et rendre au créateur des hommages en son nom et au nom de toutes les créatures. Seul libre et par conséquent seul capable de mériter, il a la sublime mission de sanctifier la soumission aveugle, l'obéissance nécessitée de tout ce qui l'entoure. Toutes les créatures suivent fidèlement la voie que leur auteur leur a tracée. L'homme doit voir en elles le modèle de sa fidélité à la volonté divine, l'obligation de faire en tout cette volonté au milieu de la création où partout il voit l'accomplissement de cette volonté. Tout a été créé pour l'homme, par conséquent, l'homme répond de tout au créateur. Malheur à celui qui fait manquer la destination aux créatures !

CINQUIÈME ENTRETIEN

LE PHILOSOPHE INCRÉDULE.

Je suis persuadé maintenant, monsieur, que l'homme a la mission importante de faire la volonté du créateur au milieu de la création. Mais, pour accomplir cette volonté, il faut la connaître, et comment la raison pourra-t-elle nous la faire connaître ?

LE PHILOSOPHE CROYANT.

Jusqu'ici nous n'avons fait usage que de la raison, nous l'avons suivie pas à pas et elle nous a conduit naturellement jusqu'à la question que vous venez de faire vous-même en disant : comment connaître la volonté du créateur pour nous y conformer en tout ? Dites-moi, je vous prie, comment un fils connaît-il la volonté de son père ? un sujet, celle de son souverain ; un inférieur, celle de son supérieur ? Vous pourrez vous-même répondre à votre demande.

Un père manifeste sa volonté à son fils, un roi à ses sujets, un supérieur à ses inférieurs. Le créateur a dû agir envers la créature comme les hommes agissent entre eux. Il a dû lui faire con-connaître sa destinée, la fin qu'il s'est proposée et lui donner les moyens d'atteindre cette fin. En un mot, il a dû lui faire connaître pourquoi il l'a créé et tout ce qu'il exige de lui. Vous voyez que la réponse à votre demande se présente naturellement à notre esprit. La raison nous conduit jusque-là. Elle nous dit qu'il faut absolument que le créateur ait parlé à la créature, qu'il lui ait manifesté sa volonté à son égard. Elle est forcée de s'arrêter là et de laisser à Dieu le soin de faire connaître ce qu'il attend de nous. Tant il est vrai que la raison est la fille de la foi, et, comme une bonne fille, elle conduit les enfants à sa mère.

LE PHILOSOPHE INCRÉDULE.

Vos paroles, monsieur, ont porté la lumière et la conviction dans mon âme. Je suis venu incrédule, je m'en retourne croyant. — Je crois en un créateur qui a tiré du néant tout ce qui existe ; je crois qu'il a des droits sur nous et que nous avons des obligations envers lui. Je crois que l'homme, créature privilégiée, la seule douée de la faculté de connaître et d'aimer, a, au milieu de la création dont il est le roi, la noble mission de sanctifier et de rapporter tout à son auteur. — Je crois qu'avant la création, il n'existait qu'une volonté, la volonté de Dieu ; qu'il a donné à toutes les créatures cette volonté, pour règle de leur conduite ; il l'a imposée impérieusement aux créatures dépourvues d'intelligence, et librement aux créatures raisonnables, leur laissant la liberté de faire cette volonté ou de ne pas la faire. — Que l'homme, représentant de la création, doit rendre hommage à Dieu pour lui-même et pour toute la création, et qu'il ne peut remplir cette sublime mission qu'en se conformant en tout à la volonté du créateur. — Je crois donc que ce qu'il y a de plus important pour l'homme, c'est de connaître cette volonté, qui l'a fait ce qu'il est, et qui doit le faire ce qu'il doit être. — Je crois qu'il n'y a pour l'homme qu'une chose absolument nécessaire, celle de régler sa conduite sur la volonté de son créateur.

— Je crois toutes ces vérités, parce qu'elles me paraissent conformes à la raison, et, par cela même, vérités qu'un esprit raisonnable ne pourra jamais rejeter sans se mettre en opposition avec sa raison.

Maintenant que je viens de vous faire ma profession de foi dont il vous revient tout le mérite, il ne me reste qu'à vous remercier de tout ce que vous avez fait pour m'éclairer, pour me montrer la vérité. Ma croyance, monsieur, est le fruit de votre langage si rationnel et si convaincant. Je suis et je serai toujours reconnaissant du bien que vous m'avez fait. Si vous voulez ajouter à vos droits à ma reconnaissance, je vous prierai de me faire connaître cette volonté du créateur sur nous, ce qu'il veut que je fasse pour remplir ma mission, pour être ce qu'il veut que je sois.

LE PHILOSOPHE CROYANT.

Je suis heureux, monsieur, de m'être entretenu avec vous, et plus heureux de voir que nos entretiens ont eu un bon résultat. D'ailleurs, il y avait lieu d'attendre cet excellent résultat d'un philosophe comme vous, qui cherche la vérité avec sincérité et qui est toujours prêt à écouter le langage de la raison. Qu'un incrédule, pour si enfoncé qu'il soit dans l'incrédulité, vienne au tribunal de la raison avec ces dispositions, avec le désir de connaître la vérité et la ferme détermination d'imposer silence et aux passions et aux préjugés, et d'écouter le langage que lui tiendra la raison, il est certain qu'il lui sera impossible de résister aux preuves qui vous ont convaincu et comme vous, il s'en retournera croyant.

Je voudrais, en ce moment, pouvoir parler à tous les incrédules, je leur dirais : ô vous tous qui avez le malheur de gémir dans l'incrédulité et vous qui en tirez vanité, dites-moi, avez-vous jamais réfléchi sur votre situation ? Vous êtes-vous jamais dit : j'existe ; pourquoi existé-je ?...

Qui m'a donné l'existence et pourquoi cette existence m'a-t-elle été donnée ? Quel avenir m'est réservé ?... Que deviendrai-je ?

Mon existence a commencé dans le sein de ma mère, doit-elle finir dans le sein de notre mère commune ? ou bien doit-elle se prolonger au-delà du tombeau ?... Je mourrai, il est certain, mais où irai-je après ma mort ?... La tombe sera-t-elle ma demeure éternelle ou bien entrerai-je pour toujours dans l'éternité, et là, quelle sera ma destinée : si l'éternité est pour chacun de nous la récompense ou le châtiment de la vie que nous aurons menée sur la terre, à quoi dois-je m'attendre de la part de mon créateur dont j'ai nié constamment l'existence ?

Si, jusqu'ici, vous ne vous êtes pas fait ces réflexions, faites-les au moins maintenant, faites-les une fois dans votre vie, car, pensez-y bien, il n'est pas en votre pouvoir de détruire la vérité, elle existera éternellement, malgré vous, et elle aura éternellement ses effets. Vous êtes incrédule, par conséquent, je ne vous parle pas le langage de la foi. Mais tout incrédule que vous êtes, vous possédez la raison, c'est à elle que je m'adresse, servez-vous-en pour apprécier mon langage comme je m'en sers pour parler.

Contemplez ce vaste univers, considérez cet ordre admirable qui y règne. Est-ce que tout cela ne révèle pas une intelligence et une sagesse infinies ? Toute la création a été faite pour l'homme. Des créatures nagent dans l'océan, d'autres voltigent dans les airs, d'autres marchent ou rampent sur la terre. Qui a pu organiser ces différentes créatures : ce ne peut être qu'une puissance infinie. Tout, autour de nous, est fidèle à suivre la voie qui lui est tracée, et vous voudriez que l'homme, possédant seul les nobles facultés de connaître et d'aimer, fût seul exempt de faire sa volonté ? La raison peut-elle adopter une semblable supposition ?

Le créateur nous parle dans les créatures et nous les offre pour modèle. Chaque créature loue son créateur à sa manière et chaque créature sera la condamnation de l'incrédulité qui se refuse à ouvrir les yeux pour ne pas voir et s'obstine à se boucher les oreilles pour ne pas entendre. Prenons une seule créature : le soleil, par exemple, s'il pouvait parler, nous dirait :

« Depuis le commencement du monde, le créa-
« teur m'a placé au centre de la création avec la
« mission de l'éclairer par ma lumière et de la
« féconder par ma chaleur. Depuis le commence-
« ment du monde, je l'éclaire et je féconde la na-
« ture. Il ne m'a commandé qu'une fois et j'ai
« toujours obéi et toujours j'obéirai. Je n'ai ja-
« mais manqué d'être fidèle à faire la volonté de
« mon créateur, toujours je l'ai faite et toujours
« je la ferai, jusqu'à la consommation des siècles,

« tant qu'existera le monde que j'ai mission
« d'éclairer et de féconder. Et toi, incrédule, que
« fais-tu sur la terre ? Tu es là, pour être, en qua-
« lité d'homme raisonnable, le soleil spirituel et
« la fécondité spirituelle, et tu n'es que ténèbres
« et stérilité, mutisme et surdité. Tu es un avor-
« ton, un monstre dans la nature, et le seul mons-
« tre, car toi seul, de tous les êtres qui peuplent
« l'univers, tu manques à ta mission. Je gémis
« d'être forcé d'éclairer ta damnable conduite. Je
« parle et tu ne m'entends point ou bien tu ne
« veux point m'entendre : tu es sourd et muet et
« tu te plais dans cette surdité et dans ce mutisme.
« Toi seul, de toutes les créatures, tu n'entends
« rien, tu ne vois rien et tu ne dis rien. »

Incrédules, qui que vous soyez, vous êtes sourds
et muets : vous n'entendez pas la voix de votre
créateur qui vous parle dans la création ; triste
état, sans doute, et ce qu'il y a encore de plus
triste, c'est que vous vous plaisez à rester sourds
et muets et que même vous en tirez vanité. Mais,
retenez bien cette vérité, gravez-la bien profondément dans votre âme, peut-être y produira-t-elle
plus tard des fruits précieux ; retenez-la bien, cette
terrible vérité : *Vous ne resterez pas toujours*
sourds et muets à la voix de l'être suprême. Une
fois votre carrière terminée en ce monde, vous
entrerez dans un monde nouveau. Là, votre incrédulité disparaîtra. La vérité vous apparaîtra

dans toute sa splendeur, mais ce ne sera que pour graver dans votre cœur le cruel remords de l'avoir perdue par votre faute et vous montrer l'affreux abîme où la justice divine vous punira éternellement.

Le bandeau fatal qui vous cachait cette vérité tombera. Vos yeux, à la lueur de cette lumière vengeresse, verront avec frayeur l'épouvantable éternité. Votre surdité cessera, vos oreilles entendront à jamais les gémissements, les cris de désespoir de ceux qui, comme vous, ont été sourds à la voix du Seigneur. Votre langue se déliera, mais ce pour maudire Dieu que vous avez méconnu, le démon, votre bourreau, les personnes qui vous ont perdu; et, enfin, vous vous maudirez vous-mêmes.

Choisissez donc, maintenant, il est encore temps. Voulez-vous voir un jour disparaître votre incrédulité et avoir éternellement sous vos yeux la vérité qui vous reprochera votre opiniâtreté à ne pas croire ? — Voulez-vous recouvrer un jour l'ouïe et l'usage de la langue pour entendre toute l'éternité les cris des damnés et pour maudire toute l'éternité Dieu et vous-mêmes ? — Obstinez-vous à rester dans votre état, demain peut-être cet état finira pour vous, et pour châtiment, vous aurez l'enfer en partage.

Voulez-vous, au contraire, contempler un jour dans le ciel la vérité éternelle, source de tout bien et de tout bonheur? Bénissez votre créateur et bénissez-vous vous-mêmes. Voulez-vous entendre toute l'éternité dans le ciel les chants des bienheureux, cette mélodie céleste qui ravit et enthousiasme, et chanter vous-mêmes les miséricordes du Seigneur? Recouvrer votre ouïe et l'usage de votre langue en soumettant votre esprit aux vérités éternelles et votre cœur à la morale?

Choisissez, mais songez qu'il y va pour vous d'un bonheur ou d'un malheur éternel.

LE PHILOSOPHE INCRÉDULE.

Tout ce que vous venez de me dire, monsieur, m'épouvante : aussi suis-je déterminé à éviter, quoi qu'il m'en coûte, le malheur effroyable dont sont menacés les incrédules. Ayez, je vous en conjure, la bonté de me faire connaître les vérités que je dois croire et celles que je dois pratiquer. Trop longtemps, hélas! j'ai erré dans le sentier ténébreux de l'erreur, il est temps que la lumière m'éclaire. Désormais, je serai un philosophe croyant et pratiquant, comme j'ai été jusqu'ici un philosophe incrédule et matérialiste ; rien au monde ne me fera dévier de cette voie droite dans laquelle j'entre aujourd'hui.

LE PHILOSOPHE CROYANT.

Monsieur, j'ai rempli l'engagement que j'ai pris avec vous, celui de vous parler le langage de la raison, de laisser de côté la foi et de nous entretenir rationnellement. Cette raison nous a conduit peu à peu à la parole de Dieu, autrement dit, à la révélation, tant ce vers d'un poète est vrai,

<small>La raison dans mes vers conduit l'homme à la foi.</small>

Nous venons de réaliser cette vérité. Nous continuerons nos entretiens, puisque vous le désirez. Je le désire moi-même de toute mon âme dans vos véritables intérêts. Mais je dois vous prévenir que maintenant la raison et la foi parleront ensemble. Cependant comme toute vérité surnaturelle a un côté rationnel, je vous le démontrerai sous ce rapport. Cela suffira ; je vous en dirai assez pour vous convaincre que les choses doivent être telles que je les montre, et la foi viendra ensuite confirmer mon langage en vous assurant que tels sont ses enseignements.

SIXIÈME ENTRETIEN.

LE PHILOSOPHE INCRÉDULE.

Monsieur, il y a un article important sur lequel je tiendrais à être fixé avant de nous séparer, c'est l'éternité. Sommes-nous éternels ? Pourriez-vous me le prouver par la raison ?

LE PHILOSOPHE CROYANT.

Je vais vous prouver cette grande et importante vérité par des raisons convaincantes, du moins, il me semble que d'après le raisonnement que je ferai, un esprit qui cherche sincèrement la vérité, comme vous, sera convaincu.

Au commencement de nos entretiens, nous avons dit que l'univers, tel qu'il est, a été fait pour l'homme et que l'homme a été fait pour Dieu. L'homme est le roi de la création, il a été établi en ce monde, le vassal du créateur. Et puisque tout ce qui existe dans son royaume n'existe que pour lui, il s'ensuit que cet univers existera toujours, tel qu'il est, tant que l'homme existera dans l'univers ; que l'univers ne sera détruit, anéanti que lorsque le genre humain cessera d'exister ici-bas. Cela est facile à comprendre, car, puisque l'univers est fait pour l'homme, dès le moment qu'il n'y aura plus d'hommes, l'univers a fini sa mission, n'a plus de but, il rentrera dans le néant. On ne voit pas pourquoi le créateur conserverait le monde sans habitants.

LE PHILOSOPHE INCRÉDULE.

Cela est facile à comprendre. Puisque l'univers est fait pour l'homme, il doit exister autant que l'homme, mais son existence cesse au moment où il n'y a plus d'hommes sur la terre, cela est rationnel, mais comment tirer de là la preuve de notre éternité.

LE PHILOSOPHE CROYANT.

De même que l'univers fait pour l'homme doit exister autant que l'homme, de même l'homme fait pour Dieu doit exister autant que Dieu ; or, Dieu existant éternellement, l'homme, à partir du premier instant de son existence, doit être aussi éternel que Dieu pour qui il est fait.

Dieu n'a que des pensées éternelles. De toute éternité, il a pensé à créer l'homme et l'univers tel qu'il est. Lorsqu'il s'est déterminé à réaliser cette pensée, la pensée a fait place à la réalité.

Ainsi, de toute éternité la pensée a existé jusqu'à la création, et la création, réalisation de cette pensée, existera éternellement. La pensée n'a jamais eu de commencement, mais elle a eu une fin quand elle a été réalisée, et la création, effet de cette pensée, a eu un commencement mais n'aura jamais de fin, car penser qu'il n'existera rien un jour de cette pensée et de sa réalisation, serait dire que le créateur a détruit à jamais son ouvrage, supposition absurde et injurieuse à la puissance et à la sagesse du créateur. — Vous allez le comprendre par une supposition que je vais faire.

Vous êtes peintre. Lorsque vous avez fait un chef-d'œuvre que tout le monde admire, loin de le détruire, vous le conservez soigneusement, vous êtes fier et heureux de penser que ce chef-d'œuvre existera ici-bas après vous et perpétuera votre nom jusqu'à la consommation des siècles. Ne serait-ce pas une folie de votre part de le détruire ?

Et pourquoi le créateur qui a fait un chef-d'œuvre en créant l'homme, abrégé de la création, l'anéantirait-il, et ferait ce que la sagesse humaine ne fera jamais ? Détruire un chef-d'œuvre qu'on a fait, serait agir contre le bon sens, cette supposition est absurde.

Encore une raison qui me paraît concluante : Dieu se connaît et s'aime, et c'est cette connaissance et cet amour qui font son bonheur. En connaissant Dieu et en l'aimant, je fais sur la terre ce qu'il fait, lui, dans le ciel, et pour quelle raison Dieu détruirait-il en moi ce qui fait son amour ? Puisqu'il voit en moi son image et sa ressemblance, pourquoi anéantirait-il cette image ? Pour quelle raison, en un mot, détruirait-il en moi ce qu'il aime en lui ?

Je m'efforce de lui ressembler autant que ma faiblesse me le permet; je connais Dieu, je l'aime, par conséquent, je suis son ami, et a-t-on jamais vu un ami se plaire à donner la mort à son ami ? Cela est contre nature. Au contraire, s'il était donné à un ami de conserver son ami toute sa vie pour s'aimer toujours et jouir de la douceur de leur amitié, rien ne pourrait l'empêcher de lui conserver la vie toujours.

Dieu a créé l'homme pour que l'homme le glorifie, pourquoi voulez-vous que cette action de l'homme si glorieuse à Dieu cesse ? Et si l'homme n'était pas éternel, elle cesserait avec sa vie.

LE PHILOSOPHE INCRÉDULE.

Cela me paraît fort rationnel, je vous l'accorde. Que Dieu conserve ses amis, rien de plus naturel. Que Dieu éternise l'homme qui le glorifie sur la terre, rien de plus naturel encore. Ma raison admet cette éternité des amis de Dieu; mais les méchants, ceux qui haïssent Dieu, ses ennemis, qui, au lieu de le glorifier, le blasphèment, qu'en faites vous de ces ennemis acharnés contre Dieu ?

Pour moi, je trouve aussi naturel et aussi rationnel que Dieu anéantisse ces ennemis, ceux qui ont passé leur vie à le maudire et à l'injurier, que je trouve naturel et rationnel qu'il conserve ses amis et éternise ceux qui l'ont glorifié pour qu'ils continuent à le glorifier dans le ciel. Franchement parlant, ne pouvant le glorifier dans le ciel, ils ne pourront le glorifier nulle part, puisque partout ils seront ses ennemis et ses blasphémateurs. Il me semble que, naturellement, ils devraient éprouver le même sort, ils devraient avoir la même destinée que l'univers, savoir, l'anéantissement.

LE PHILOSOPHE CROYANT.

Ce que vous venez de dire a une apparence illusoire de probabilité, mais cette apparence va disparaître facilement par une raison bien simple.

Vous trouvez naturel que Dieu reçoive dans le ciel les bons qui l'ont glorifié sur la terre, qui ont été ses amis, et vous trouvez aussi naturel que le Seigneur fasse rentrer dans le néant ceux qui l'ont blasphémé dans ce monde. Raisonnons un peu là-dessus.

Le Créateur, en tirant l'homme du néant, lui a donné une destinée éternelle, cette destinée est commune à toute la race humaine. Il a donné à chaque personne une âme immortelle et a créé l'homme immortel, de sorte que si Adam, notre premier père, n'avait pas péché, il serait passé de ce monde à l'autre sans passer par le tombeau. La mort, qui est devenue commune à tout le genre humain, est un châtiment du péché, et cette mort ne frappe nullement l'âme qui, dès le premier instant de son existence, est immortelle, éternelle.

— Vous me dites : mais ils continueront à blasphémer Dieu, donc ils ne le glorifieront point, et, par conséquent, pourquoi les laisser exister éternellement ?

Les méchants haïssent Dieu durant leur vie et le haïront durant toute l'éternité. Je le sais, mais ils ont méprisé la miséricorde divine et bravé la justice suprême : ces deux attributs divins demandent vengeance. La justice doit venger la miséricorde et se venger elle-même. Les méchants mettent le désordre dans la création, il faut que ce désordre soit rétabli ; et, pour parler plus simplement et d'une manière plus intelligible, le péché est un mal, un désordre, il faut qu'il soit puni ou par celui qui le commet ou par celui contre lequel il est commis. Quand c'est le coupable qui le punit, cette punition, ce châtiment est volontaire et, par conséquent, méritoire. Quand celui contre lequel il est commis le punit, c'est forcément, par conséquent, sans mérite. Mais, néanmoins, l'ordre est rétabli dans les deux cas, et la justice et la miséricorde divine sont vengées. Et comme la justice ne sera jamais entièrement satisfaite, toujours elle se vengera et toujours elle triomphera.

C'est ce triomphe qui glorifie le Seigneur. Ainsi, dans le ciel, règnent ensemble la miséricorde et la justice, et, dans l'enfer, la justice seule règne et triomphe. Les méchants refusent de glorifier Dieu dans le temps : Eh bien ! ils le glorifieront dans l'éternité par la peine qui les fait rentrer dans l'ordre. Et comme cette peine est sans mérite, ils seront toujours débiteurs envers la justice, ils resteront éternellement tels qu'ils sont en entrant dans l'éternité, toujours pécheurs, toujours impénitents, toujours victimes de la justice divine qu'ils ne pourront jamais satisfaire.

Il n'est pas donné à l'homme de changer sa destinée, il est créé éternel et il le sera toujours : mais il a le pouvoir de faire sa destinée heureuse ou malheureuse. Nous faisons nous-mêmes notre bonheur ou notre malheur, ce qui fait qu'il y a l'éternité des heureux dans le ciel et l'éternité des malheureux dans l'enfer.

Les perfections divines supposent nécessairement une vie future où la vertu trouve sa récompense et le crime son châtiment. La loi divine doit avoir une sanction ; et où est la sanction dans le triomphe des méchants et dans l'oppression des justes ? Ce triomphe de l'injuste et l'oppression de la justice se voient tous les jours, il faut donc que cette sanction existe ailleurs dans une nouvelle vie qui sera la récompense de la vertu et le châtiment du vice. La Providence donnera dans cette nouvelle vie à chacun ce que chacun aura mérité.

LE PHILOSOPHE INCRÉDULE.

Je suis d'accord sur une vie future. Je vois qu'elle est nécessaire pour rétablir l'ordre troublé. Chacun aura dans cette nouvelle vie le bonheur ou le malheur, selon sa conduite sur la terre. Mais cette éternité de peine est effrayante, elle semble opposée à la bonté divine. Dieu ne pourrait-il pas pardonner aux malheureux après quelque temps de pénitence et les recevoir dans le ciel ?

LE PHILOSOPHE CROYANT.

Le châtiment doit être égal en tout à la récompense en intensité et en durée. Il y a dans le péché attaquant la majesté divine, une malice infinie, et dans la vertu qui adore cette majesté souveraine, quelque chose d'infini. Bonheur infini et éternel dans la récompense, malheur infini et éternel dans la punition. Le temps de mériter est dans ce monde ; dans l'autre, point de mérite, donc après notre mort, nous resterons toujours tels que nous serons en entrant dans l'éternité. Le coupable sera toujours coupable, parce que jamais il n'aura le moyen de devenir juste, et le juste restera toujours juste, parce que jamais il ne pourra devenir pécheur. Ainsi le juste sera dans l'heureuse impossibilité de perdre la vertu, la justice, et le pécheur dans l'impuissance absolue d'effacer le péché. Ils resteront donc éternellement, le juste, ami de Dieu, et, le pécheur, ennemi de Dieu. Le juste trouvera dans le souverain bien qu'il a aimé le souverain bonheur, toute sorte de bien, et le coupable trouvera dans la séparation consommée du souverain bien qu'il a méprisé le souverain malheur, toute sorte de maux.

LE PHILOSOPHE INCRÉDULE.

Mais cette éternité de peine est-elle bien en harmonie avec la bonté infinie de Dieu, et cette bonté ne pourrait-elle pas, après un certain temps de pénitence, introduire ce coupable dans le ciel, dans le bonheur ?

LE PHILOSOPHE CROYANT.

Dites-moi, je vous prie, la condamnation d'un criminel à mort ou aux travaux forcés à perpétuité est-elle bien en harmonie avec la bonté des juges. Cette condamnation pour un crime commis en un instant embrasse toute la vie du criminel aux yeux des hommes et la condamnation du pécheur embrasse toute la vie éternelle. Il n'y a aucun moyen de mériter ni dans le bagne ni dans l'enfer. Dès le moment qu'on est renfermé dans ces affreuses demeures, on y reste toute la vie, le criminel trouve le tombeau dans le bagne lorsque la mort le frappe, et le pécheur n'étant plus sujet à la mort reste là toute l'éternité.

Les attributs divins s'opposent au pardon du pécheur après sa mort. Le ciel ne s'ouvrira jamais à un homme souillé par le péché. Ce serait mettre le mal avec le bien, le péché avec l'innocence, la malice infernale avec la bonté divine, la corruption avec la sainteté.

En deux mots, voici la preuve d'une vie future et de l'éternité de cette vie.

La sagesse et la justice de Dieu exigent que la vertu soit récompensée et le péché puni. Or, cette récompense et cette punition n'existent pas toujours dans cette vie où nous voyons souvent et toujours avec indignation le triomphe du méchant et l'oppression de l'innocent, donc il faut une autre vie où l'ordre sera rétabli.

Quand l'ordre sera rétabli, la vertu sera récompensée où elle se trouve et le péché puni où il se trouvera, or, la vertu se trouvera toujours dans le juste et le péché dans le pécheur, attendu que la vertu est impérissable et que le péché ne pourra jamais être effacé puisque le pécheur sera éternellement dans l'impuissance de mériter,

Donc il y aura une vie future, et cette vie future sera éternelle, aussi bien la vie des malheureux dans l'enfer que la vie des bienheureux dans le ciel. Le bonheur souverain dans le ciel et le malheur souverain dans l'enfer n'ont rien de surprenant. Toute loi a une sanction, la loi divine comme la loi humaine. Le criminel qui monte à l'échafaud ou est renfermé dans le bagne le reste de sa vie, savait bien, lorsqu'il commettait le crime qui lui a attiré cette condamnation, que cette violation de la loi humaine méritait l'échafaud ou les travaux forcés à perpétuité ; il ne doit donc s'en prendre qu'à lui-même et non aux juges qui n'ont fait qu'appliquer la sanction de la loi ; de même le damné dans l'enfer savait bien, quand il se rendait coupable de péchés, que cette violation de la loi divine lui attirerait la damnation éternelle. Il ne doit donc s'en prendre qu'à lui-même et non à Dieu qui ne fait qu'appliquer la sanction de la loi à cet acte criminel.

Je termine cet article par la croyance du chrétien.

Celui qui sort de la vie complètement purifié entre aussitôt en possession du souverain bien qui est Dieu. Celui qui conserve quelque souillure ou qui n'a pas entièrement satisfait à la justice divine demeure quelque temps dans un lieu d'expiation en attendant le bien suprême qu'il possédera aussitôt que tout cela sera expié. Celui qui meurt coupable de quelque faute grave est aussitôt condamné aux supplices éternels qu'il a mérités.

Tout ceci est fort raisonnable et fort naturel. Il est juste que celui qui a observé la loi divine en reçoive la récompense ; il est juste aussi que celui qui l'a violée en subisse le châtiment, et cette récompense et ce châtiment, sanction d'une loi infinie, sont infinis comme la loi, mais, ne pouvant l'être en intensité, ils doivent l'être en durée.

INCRÉDULES,

Lisez attentivement, je vous en conjure, dans votre plus grand intérêt, ces quelques lignes qui suivent. Puissiez-vous faire parfois, de cette importante et terrible vérité qu'elles énoncent, l'objet de vos réflexions ! Puissiez-vous surtout en faire un jour la règle de votre conduite, c'est le seul vœu de mon cœur pour vous tous. Si je l'obtiens d'un seul, je serai heureux d'avoir contribué à son bonheur et je me trouverai amplement récompensé d'avoir livré au public cet épilogue.

ÉPILOGUE.

Puisqu'au fond de l'enfer il faut toujours gémir,
Pourquoi dans ce séjour, d'où nous devons sortir,
Ne pas songer à Dieu, ne pas sauver son âme;
Insensé que je suis ! Je serai tout en flamme.
Et je ris, je jouis, et la mort me saisit.
Je vais droit à la tombe et mon aveugle esprit,
Devant le tribunal de son juge irrité,
Pense, hélas ! mais trop tard, à son éternité.

FIN.

Angoulême. — Imp Roussaud, rue Tison d'Argence, 3.

Documents manquants (pages, cahiers...)
NF Z 43-120-13

www.ingramcontent.com/pod-product-compliance
Lightning Source LLC
LaVergne TN
LVHW050651090426
835512LV00007B/1143